中外巨人传

吴敬梓

孙丽娜 著

辽海出版社

图书在版编目（CIP）数据

吴敬梓 / 孙丽娜 著. —沈阳：辽海出版社，2014.4

ISBN 978-7-5451-1184-2

Ⅰ．①吴…　Ⅱ．①孙…　Ⅲ．①吴敬梓（1701～1754）—传记　Ⅳ．①K825.6

中国版本图书馆 CIP 数据核字（2014）第 056426 号

责任编辑：柳海松
责任校对：顾　季
装帧设计：马寄萍

出 版 者：辽海出版社
地　　址：沈阳市和平区十一纬路 25 号
邮　　编：110003
电　　话：024-23284473
E-mail:dyh550912@163.com
印 刷 者：天津海德伟业印务有限公司
发 行 者：辽海出版社

幅面尺寸：165mm×230mm
印　张：15.5
字　数：150 千字

出版时间：2016 年 5 月第 1 版
印刷时间：2019 年 1 月第 2 次印刷
定　价：30.00 元

版权所有　翻印必究

目 录

001 引 言

001 一、吴敬梓的生平
001 （一）科举世家
009 （二）早岁危艰
021 （三）居乡岁月
037 （四）寓居南京
057 （五）博学鸿词
075 （六）诗文刊刻
082 （七）修先贤祠
087 （八）著书立说
089 （九）病逝扬州

095 二、吴敬梓的思想

095 （一）儒家思想

109 （二）魏晋风尚

123 （三）明清实学

134 （四）治经思想

142 三、吴敬梓的诗文赋研究

142 （一）吴敬梓的诗词

162 （二）吴敬梓的文赋

171 四、吴敬梓的《儒林外史》

173 （一）《儒林外史》的思想内容

196 （二）《儒林外史》的讽刺艺术

201 （三）《儒林外史》的结构

207 （四）《儒林外史》的研究和影响

219 吴敬梓年谱

吴 敬 梓

引 言

吴敬梓（1701—1754），字敏轩，号粒民，晚年号文木老人，三十三岁的时候自家乡安徽全椒移至江苏南京秦淮河畔，故又称"秦淮寓客"。今天，你可以在安徽全椒参观"吴敬梓纪念馆"，也可以在南京秦淮河畔观赏"吴敬梓故居"，这些都是后人对他的纪念与缅怀，为其作品，亦为其人。吴敬梓的一生，生活和思想都历经很大的变化。他出生在"家声科第美"的全椒吴氏，历经家族争产、科举落第、轻财好施，落得后来"田庐尽卖，乡里传为子弟戒"，晚年的时候甚至过着缺衣少食的困顿生活，最后客死扬州，艰苦的一生在他的文学作品中都有体现。

他的一生创作颇丰，有《文木山房子集》十二卷，今存四卷，存留的作品还有五篇文章和四篇赋，治经著作《诗经》和小说《儒林外史》。能够确定吴敬梓在文学史上地位的还是他的小说《儒林外史》。在中国六大古典小说中，被鲁迅先生许以"伟大"二字的，只有两部书，吴敬梓的《儒林外史》便是其中之一。长篇讽刺小说《儒林外史》的创作，历经很长时间，直到他四十九岁的时候才完成。这篇小说展现的是吴敬梓生活的时代，亦是他生活的社会。吴敬梓一生时间大半消磨在全椒、南京和扬州，在这些地方，他看清了官僚豪绅、膏粱子弟、举业中人、名士、清客，也看透了官僚的徇私舞弊，豪绅的武断乡曲，膏粱子弟的平庸昏聩，

举业中人的利欲熏心，名士的附庸风雅和清客的招摇撞骗。而他看清、看透的这些就是他小说的主要人物和主要内容。这样深刻、全面反应社会、时代的的小说，就必然具备分外吸引人和感人的力量。

对吴敬梓及其作品的研究，从他生前的时候就已经开始，一直持续到今天。在浩如烟海的研究中，本人的研究只能算是沧海一粟。笔者在前人研究的基础上，对吴敬梓的生平、思想进行了整理和总结，并对其文学作品进行了理解、分析，希望在吴敬梓的研究中添绵薄之力。在今天这样开放、多元化的时代，对吴敬梓的认识亦应该有时代的烙印，希望能从自己的角度看待伟大的吴敬梓，欣赏他不朽的作品。

一、吴敬梓的生平

(一) 科举世家

1. 贵裔先祖

吴敬梓（1701—1754），字敏轩，号粒民，晚年号文木老人、秦淮寓客。安徽全椒人。吴敬梓在他的《移家赋》里说："我之宗周贵裔，久发轫于东浙。"李矞《清礼科掌印给事中吴公墓表》里也说："公讳国龙，先世居东瓯，高祖聪，迁江宁之六合。又迁全椒，遂为全椒人。"可见其先祖并非安徽人，而是从今浙江温州一带移家今江苏六合，而后又移家安徽全椒。在赋中，吴敬梓自注曰："按族谱，高祖为仲雍九十九世孙。"高祖指的是吴沛。仲雍，又称虞仲，周太王次子，季历之兄。在《元和姓纂》卷三里有这样的记载："吴，周太王子泰伯、仲雍封吴，后为越所灭，子孙以国为氏。"吴敬梓的自注是要表达自己是周太王的后裔，仲雍之后，但由于年代久远，又没有确切的材料，这一说法有待进一步考证。

吴敬梓继而在《移家赋》中说："有明靖难，用宣力于南都

（自注：远祖以永乐时从龙）。赐千户之实封，邑六合而剖符。"远祖指的是吴聪，他在明燕王朱棣夺其侄朱允炆帝位的"靖难之役"中从龙有功，被封为骁骑尉，正五品，受邑江苏六合，故吴敬梓先祖举家迁到了江苏。

吴氏移家六合之后，历经几代，传到了一个叫转弟的这一代，失去吴聪所得的荫袭，全家迁到今安徽全椒。《移家赋》中，吴敬梓说："迨转弟而让袭，历数叶而迁居（自注：始祖讳转弟公，自六合迁全椒）。"赋中提及的转弟指的是吴凤。吴敬梓的曾祖吴国对主纂的《全椒志》卷十中《吴凤传》载：

  吴凤，号古泉，家世骁骑卫户爵，以志趣高淡让袭，卜居邑之西墅。性好施予，生平多隐德，子姓甚蕃，谆谆教以善让，毋与人争。

从上面的材料可知，吴凤是一个慷慨好施、礼让不争的谦谦君子，他也常常教导子女礼让待人，不与人争。吴家迁居全椒之后，定居在了县西南六十公里的梅花山下程家市西墅。从此，西墅就成了吴氏的发祥地。吴沛有诗《西墅草堂初夏》：

  结茆在西墅，差远尘世喧。
  漠漠天宇接，遥青纳短垣。
  榆柳当窗摇，清明罩几痕。
  镇日少过客，不知接送烦。
  ……
  浮荣何足慕，潜心味义根。

吴敬梓

吴国对在《先君遗稿跋言》中说:"西墅草堂为先君旧居也。对垂髫依恃于此。草堂仅两栋,上覆以茅,土垣周之;外皆野隙地,古人陋巷殆不过是。先君惟读书课子,怡然也。"吴敬梓亦有《西墅草堂歌》:

先人结庐深山中,布衣蔬食一亩宫。
青山层叠列画障,绿树槎枒映帘栊。
门迎流水蓼花湾,牧唱樵歌竞往还。
琴樽无恙尘嚣静,指点深林暮霭间。
……
五十年来成幻梦,斜阳废墅少人行。
吾先君子长太息,欲将旧宅重经营。
……
只今摇落又西风,一带枫林绕屋红。
明月空传天子诏,岁时瞻仰付村翁。

吴氏在全椒以务农为主,《移家赋》中吴敬梓说:"隶淮南为编氓,勤西畴以耕耨。"这样的情况一直持续到吴凤的季子吴谦。吴氏从吴谦开始,由务农转为行医。《移家赋》中说吴谦:"爱负耒而横经,治青囊而业医。"吴谦还是一个孝悌的典范,对父母孝顺,对兄弟友爱。在《全椒志》中的《吴谦传》有这样的记载:"(谦)事父古泉公,婉顺尽志。父逝,毁泣尽哀。""事母谢氏,甘旨温清。"三位兄长过世之后,他对待诸侄如同己出。也许是受到其父的影响,除了孝悌之外,吴谦也是一位乐善好施的人,《全椒志》中说:"性好施予","偿还遗金"。吴敬梓在

《移家赋》中也赞其曰："道遗金而不拾，墙有桃而讵折。"吴谦善行也得到了乡里人的广泛传颂。

2. 科举起家

"信作善之必昌，乃诞降于高祖。"（《移家赋》）从吴敬梓的高祖吴沛开始，全椒吴氏门庭得以改观。吴沛字宗一，号海若。他从小就受到了很好的教育。吴敬梓在《移家赋》中说吴沛"自束发而能文，及胜衣而稽古"，"初奋发于制举，仍追逐于前贤"。十四岁时中秀才，而后七次科举均名落孙山，直至四十岁时，才得以补一廪生。后以教书为业，《移家赋》中说："乃守先而待后，开讲堂而雒诵。历阳百里，诸生从游。"吴沛性孝友，工古文，善书画。民国《全椒县志》记载，吴沛有《西墅草堂集》十二卷，《诗经心解》六卷。

吴沛自己的科举之路并不顺利，故把希望寄予下一辈。吴国鼎《先君遗稿小引》中载吴沛曾说："我不做，儿子辈必做也。"吴沛不仅在教书时尽职尽责，在教育子女方面也别有建树。为了达到举业发家的目的，吴沛为自己五个儿子做了深思熟虑的安排。次子国器"遵父命，任家政"（《全椒志·吴国器传》），为其他四个兄弟的科举做好了经济上的保证。吴沛长子国鼎、三子国缙、四子国对、五子国龙一心准备科举。吴沛对其儿子的教育非常严格，在其诗《西墅草堂初夏》中说："高低五男儿，暇即与讨论。千古在目前，绝学垂宪言。"

经过两代人的不懈努力，吴氏科举起家的理想终于实现了。吴沛四个读书的儿子先后考取了进士，其中四子国对还高中探花。至此，吴氏才真正远离务农，改换了门庭。应该说吴敬梓的曾祖

辈在科举这一条路上取得了傲人的成绩，让吴氏一族走上了辉煌之路，这样的家世对吴敬梓的影响是深远的。在《移家赋》中吴敬梓不无骄傲地说："始则'河东三凤'，终则'马氏五常'。""五十年中，家门鼎盛。陆氏则机、云同居，苏家则轼、辙并进，子弟则人有凤毛，门巷则家夸马粪。"用历史上被称为"河东三凤"的薛氏、"马氏五常"中的马氏、陆机和陆云兄弟、苏轼和苏辙兄弟等来比喻自己曾祖辈的荣耀。

吴敬梓在其《移家赋》中对给吴氏家族带来光荣的曾祖辈五人做了叙述，以下分别对五人做一简单介绍。

吴国鼎，字玉铉，号朴斋。吴沛的长子，明崇祯三年（1630年）中举，十六年（1643年）与弟国龙同时中进士，授中书科中书舍人。吴敬梓在《移家赋》中说："伯则遨游薇省。"清顺治三年（1646年），母亲去世，即与诸弟在山中结庐守墓，自拟对联"世多君子扶皇极，天放闲人养太和。"丁忧期间布衣蔬食，心胸开阔，为人所称道。吴国鼎在世六十七年，著有《诗经讲义》《邁园集》。编辑《唐代诗选》。有子遑吉、怀吉。

吴国器（1604—1664），字玉质，号懒翁。吴沛次子。为了兄弟的举业，独自一人尊父命任家政。兄弟举业成功之后，与妻子滕氏隐居独山学道。吴敬梓《移家赋》中载："寻桑根之遗迹，过落叶之山房。家有逸民之号，人传道引之方。东华遗俅，阆苑翻觞。落次仲之翮，逐萧史之凰。"用各种神话传说来描写吴国器。《移家赋》自注中说："布衣公无疾而终，人传仙去。"

吴国缙，字玉林，号峙侯。吴沛第三子。明崇祯十二年（1639年）举人，清顺治六年（1649年）进士，九年（1652年）殿试授文林郎，晚年任江宁郡学博。吴敬梓《移家赋》中提及的

"栖迟槐署"，是说以吴国缙的才学，本可以入馆选，可惜为忌者中伤，故谢归二十年。在江宁学任上，曾倾囊修葺郡学宫，为人行侠仗义，年七十四岁卒，一生好读书，著有《诗韵正》五卷，《世书堂集》四十卷。

吴国对（1616—1680），字玉随，号默岩。吴沛第四子，与吴国龙孪生。吴敬梓的亲曾祖。顺治八年（1651年）拔贡，十一年（1654年）顺天举人，十五年（1658年）进士，且为一甲第三名，即探花。授编修。在吴家的四个兄弟当中，吴国对是取得功名最晚的。吴敬梓《移家赋》中说："似子固兄弟四人，吾先人独伤晚遇。常发愤而揣摩，遂遵道而得路。"虽然功名的取得很晚，但却是吴家最高的。故吴敬梓赞美道"三殿胪传，九重温语，宫烛宵分，花砖月午。"康熙五年（1666年），出任福建乡试主考。后升国子司业，翰林院侍读，提督顺天学政。在任上，吴国对颁布了三条教育原则：敦孝悌，崇实学，正心术。在出任福建乡试主考和顺天学政期间，为朝廷遴选了很多优秀人才。据方嶟《文木山房集序》、冯辰《恕谷年谱》载，理学名臣李光地，"颜李学派"中的李塨均由吴国对提拔。故《移家赋》中有"张珊网于海隅，悬藻鉴于畿辅"之说。吴国对"性笃孝，时时语其先人，辄鸣咽下泣。"（见陈廷敬《吴国对墓志铭》）吴国对古文研究颇深，诗赋、八股文创作尤为出色。著有《赐书楼集》二十四卷。

吴国龙（1616—1671），字玉騶，号亦岩。吴沛的第五子。崇祯十五年（1642年）举人，次年中进士，授户部主事。清康熙初，先后任工科给事中、工科右给事中、河南道监察御史、兵科给事中、礼科掌印给事中等官职。"笃天伦，重名谊，奉亲孝，养祭必以礼。事兄爱敬有加。"（见康熙《全椒志》）著有《吴给谏奏

稿》八卷，《心远堂集》三十四卷。

3. 祖辈盛衰

明清科举史上赫赫有名的吴家兄弟把"全椒吴"推向顶峰，可是物极必反，到了吴敬梓祖父这一辈，树大分支，不可避免地出现了盛衰分化。

吴国鼎的两个儿子一个为廪生，一个为增生。吴国器的子辈不详。吴国缙长子是庠生，其他不详。只有吴国对和吴国龙这两支在科举上稍有成就。

先来说吴国龙这一支。吴国龙共有六子，其中有三人在科举方面比较有成就。吴晟、吴昺为进士，吴早为举人。真正能够延续吴家鼎盛的是吴晟和吴昺。

吴晟（1635—1695），字丽正，号梅原，是吴国龙的长子。康熙十四年（1678年）举人，次年中进士。康熙二十五年（1686年）任福建宁化县令，升主事，未赴任而卒。张大受在《吴晟墓志铭》中说他："工著述，有《洪范辨证》《周易心解》诸书。"

吴昺，字永年，号颙山，吴国龙第五子。康熙二十九年（1690年）举人，次年的会试，吴昺以一甲第二名，即榜眼及第，授翰林院编修。吴敬梓《移家赋》中所说的"五十年中，家门鼎盛"也应包含吴昺在内。康熙三十五年（1696年）任广西乡试主考，四十四年（1705年）任宋金元明四朝诗选掌局官，四十九年（1710年）出任湖广学政，期间康熙曾以"勉子修名"四个字赐其母。这让全椒吴氏无限荣耀。在世四十八年，著有《卓望山房集》《玉堂应奉集》等。

再说吴敬梓亲曾祖吴国对这一支。吴国对共有三子，分别是

吴旦、吴勖和吴昇。

吴旦，字卿云，吴国对的长子，吴敬梓的亲祖父。以增生为州同知。据《全椒志·吴旦传》，他为人"性笃孝"，"奉继母尤谨，委曲承顺，求当其意"。因为父亲怕冷，他就"身温衾以侍睡；早起取父衣先衣之，俟温然后扶父起"。先其父而卒，著有《月潭集》。胡适在《吴敬梓年谱》中说："（祖旦）死的很早，故《移家赋》不提到他的历史。"有独子吴霖起。

吴勖，字程观，又字大力，吴国对的次子。以贡生为州同知，哥哥吴旦去世之后，吴勖抚养吴起霖，视如己出。对异母弟弟吴昇也非常友爱。当时有人要求分家时，勖"泣谢不允"。有人要修建全椒县北极阁时，他"独捐数千金"。有子吴霄瑞、吴霜高和吴雯延。

关于吴敬梓的父亲，根据陈美林先生《吴敬梓身世三考》（《南京师范学院学报》1977年第三期）考证，吴敬梓的亲生父亲是吴勖之子吴雯延，但因为吴旦之子吴霖起无子嗣，故把吴雯延的一子一女过继过来，过继的儿子就是吴敬梓。

4. 楷模嗣父

吴敬梓的父亲吴霖起很早就考取了秀才，但在之后的乡试却屡遭败绩。康熙二十五年（1686年）考取了拔贡。虽然在科举方面父亲吴霖起并没有什么特别突出的地方，但是其为人却给吴敬梓很大的影响。

在《移家赋》中，吴敬梓用很长的篇幅来描述吴霖起。"吾父于是仰而思，坐以待，网罗于千古，纵横于百代。为天下之楷模，识前贤之纪载。实文苑之羽仪，剙沧海之流芥"。吴敬梓在这

里主要是说其父能够继承先人的传统，勤勉谨慎，学识渊博，人品方正，道德文章俱为天下的表率。后吴霖起在选拔贡期间本可以受官，但是因为母亲在堂，为尽孝道而辞。在居家侍奉母亲的时候极尽孝道，后母亲去世，吴霖起"肝干肺焦，形变骨立"。父亲的孝悌美德对吴霖起产生了深远的影响。吴霖起潜心治学，安贫乐道。好为人师，德行好，文章好，虽然没有官位，但请教受益的人颇多。吴霖起在赣榆执教八年期间兢兢业业，恪守本职工作，但因为本人性格不善逢迎，遭到了很多人的挤兑。既然不见容于官场，加之年老体衰，吴霖起于康熙六十一年（1723年）辞官回归故里，次年，即雍正元年（1724年）抑郁辞世。

父亲的孝悌、敬业、刚正不阿等品质对吴敬梓的影响是深刻的，从吴敬梓之后的言行中均可见父亲吴霖起的影子。

（二）早岁危艰

1. 长房长孙

清康熙四十年（1701年），农历五月，吴敬梓出生在全椒。吴敬梓的表兄及连襟金榘在《次半园韵为敏轩三十初度同仲弟两铭作》中有这样的诗句"榴火柳汁殷红蓝，碧筩在手香盈瓿。"虽然出生在石榴花开的季节，但吴敬梓的一生却未像石榴花那样色红似火。

吴敬梓的名字，寄寓了家人对他的无限期待。《诗经·小雅·小弁》中有："维桑与梓，必恭敬止。"敬桑与梓是敬重先人的意思。孝悌似乎是吴家的一贯家风，取这样的名字，也是对吴敬梓寄寓了孝悌的厚望。据陆佃《埤雅·释木梓》中载："今呼牡丹谓

花之王，梓为木王。盖木莫良于梓，故《书》以《梓材》为篇，《礼》以'梓人'名匠也。""敬梓"亦有敬重人才的意思。吴敬梓的字"敏轩"取自《论语·公冶长》。《论语·公冶长》中有"子曰：敏而好学，不耻下问，是以谓之文也"。寓意吴敬梓敏而好学之意。吴敬梓也延承了长辈命名时的美好希望，长大后把自己的书房称之为"文木山房"，梓为木王，文木，也是良木的意思，意义相同。在《移家赋》中吴敬梓说："千户之侯，百工之技，天不予梓也，而独文梓焉。"《移家赋》创作于吴敬梓移家南京之后，时间是雍正十一年（1733年），那一年吴敬梓三十三岁。当时，吴敬梓在其他方面没有什么突出的成就，他大概意识到自己只能在文学方面有所发展。吴敬梓移家南京之后，以"秦淮寓客"自称，是寓居秦淮的意思。后陷入困顿的时候，又自署"粒民"，取其小民的意思。从吴敬梓的名、字、号可以看出吴敬梓一生经历的时代变迁和生活遭遇对其思想的影响。

在吴敬梓的家世中提过吴敬梓本为吴勖第三个儿子吴雯廷的孩子，但由于吴旦这边人丁不兴，故过继了吴敬梓。吴敬梓被过继来之后，在吴家的地位也发生了改变，变成了长房长孙。因为吴旦没有自己的子嗣，自己在科举方面又没有什么突出的成就，故对吴敬梓寄予了很大的希望。希望吴敬梓能够继承祖业，让吴家发扬光大，而途径无外乎科举之路。

当吴敬梓过继为吴霖起的儿子之后，就受到了父亲严格的教育。为了光大门楣，吴敬梓从小就开始研究四书、五经等，为以后参加科举考试打基础。在《移家赋》中吴敬梓说："梓少有六甲之诵，长馀四海之心。"吴檠在他的诗歌中说吴敬梓从小遍读群书，"何物少年志卓荦，涉猎群经诸史函"（吴檠《为敏轩三十

初度作》)。金两铭也在《和作》中回忆了吴敬梓小时候苦读书的情景，"子初垂髫异儿辈，成童咿唔抽琅函"。从这些材料可以看出，吴敬梓从小就受到了严格的教育，树立了远大的志向，学习刻苦，也遍览群书。

在封建社会，吴敬梓不可避免地需要学习枯燥的八股制艺，但是童年时代的吴敬梓对这些着实没有兴趣。金两铭在《和作》中有这样的句子："生小心情爱吟弄，红牙学歌类薛谭。旗亭胜事可再见，新诗出口鸡舌含。三河少年真皎皎，风流两字酷嗜贪"。真实地反映了吴敬梓年少时的心性和喜好。吴敬梓希望像当年的歌者薛谭那样，能够有机会学习歌曲，也希望有机会吟诗作对，像唐代诗人旗亭赌胜的样子。这样的生活对吴敬梓来说几乎是奢望，科举社会中的知识分子，也只有科举考试谋得功名之后才能够求得出路。

2. 丧母之痛

吴敬梓立志苦读书的情况并没有持续很久，康熙五十二年（1713年），母亲病故，这一年，吴敬梓十三岁。在《赠真州僧宏明》中有这样的句子"昔余十三龄，丧母失所恃"。一向对自己疼爱有加的母亲离去，让吴敬梓真正体会到了什么叫生离死别，这样的打击对吴敬梓是巨大的。母亲的保护荡然无存，亦在悲痛中的父亲也减少了对吴敬梓的教育，加之家族里面的种种矛盾，让年少的吴敬梓遭遇到了人生的坎坷。这样的遭遇也使吴敬梓的性格发生了改变。与一般的少年不同，吴敬梓一度变得非常孤僻。金榘在《次半园韵为敏轩三十初度同仲弟两铭作》中回忆了吴敬梓十三岁时候的状态。

> 我前叱日勿复语，我三十时尔十三。
> 是年各抱风木恨，余方招魂来湖南。
> 见尔素衣入家塾，穿穴文史窥秘函。
> 不随群儿作嬉戏，屏居一室同僧庵。
> 从兹便堕绮语障，吐丝自缚真如蚕。

吴敬梓把自己的悲痛转为对群书的研读。不再像同龄的孩子那样嬉戏打闹，而是把自己圈起来，沉浸在自己的世界里，正如诗中所说此时的吴敬梓如老僧一般。从上面所引诗歌的最后一句可以知道，由于父亲吴霖起放松了对吴敬梓的管教，所以此时的他反而有机会接触、阅读所谓的"绮语障"，即描写男女私情，辞藻颇为华美的文学作品。金榘在诗中说吴敬梓作茧自缚，足见当时吴敬梓沉迷之深。这样的经历、学习对吴敬梓后来《儒林外史》的创作产生了很大的影响。

从吴敬梓现存的文学作品可以知道，他这一时期的阅读是非常广博的，文史、笔记、小说等，凡是能看到的，他都有所涉猎。《儒林外史》就是最好的证明。《儒林外史》第三十回有这样一段话：

> 妇人那有一个好的？小弟性情，是和妇人隔着三间屋就闻见他的臭气。

这是小说中的杜慎卿说的，在《周书·萧詧传》中有这样的记载："（萧詧）又不好声色，尤恶见妇人，虽相去数步，遥闻其臭。"吴敬梓把正史里面的内容糅杂在自己小说的人物言行里。

又如《儒林外史》第十五回中所谓的"憨仙"骗马二先生的烧银之法也是有出处的。唐冯翊著《桂苑丛谈》中有一段《李将军为左道所误》。

护军李将军全皋罢淮海日，寓于开元寺，以朝廷艰梗，未获西归。一旦，有一小校绍介一道人云："能通炉火之事。"护军乃延而礼之，自此常与之善。一日，话及黄白事，道人曰："唯某颇能得之，可求一铁鼎，容升以上者，得黄金二十余两为母，日给水银、药物，火候足而换之，莫穷岁月，终而复始。"李喜其说，顾囊有金带，可及其数，以付道人。诸药既备，用火之后，日日亲自看验。居数日，觉有微倦，乃令家人亲爱者守之。数日既满，斋沐而后开视，金色粲然，的不虚矣！李拜而信之。三日之内，添换有征。一日，道人不来，药炉一切如旧，骇疑之际，俄经再宿，久待，讶其不至，不得已，启炉而视之，不见其金矣。事及导引小校，代填其金，道人杳无踪迹。

《桂苑丛谈》在《新唐书·艺文志》中有著录。这本书所记多琐屑怪异，但也不乏可资佐证史书之处。这里记载烧银的情节和小说中的情节非常相似。又如第十三回中，关于怎样作文章，马二先生说："古人说得好，'作文之心如人目'，凡人目中，尘土屑固不可有，即金玉屑又是着得的么？"宋道原所著的《传灯录》卷七有载："白居易问惟宽禅师云：'垢即不可念，净无念可乎？'师答：'如人眼睛上，一物不可住；金屑虽珍宝，在眼亦有

病。"诸如以上的例子不胜枚举。

3. 往来赣榆

吴敬梓少年时期相对自由的"窥秘函"的生活很快就结束了。吴霖起成为拔贡的二十八年之后，于康熙五十三年（1714年）被任命为江苏赣榆县学教谕。赣榆地处今江苏、山东两省交界，东有黄海海州湾，西为徐州，北边是山东日照、临沂，南接连云港，清代时期赣榆还是荒凉贫穷的地方。其实吴霖起早就成为了拔贡，但是因为寡母在堂，自己又是独子，故一直辞官不受，直至母亲去世。

吴霖起被任命为赣榆县学教谕时，年事已高，而唯一的儿子又不可能留在家里，故吴霖起带着吴敬梓一起来到了赣榆。吴敬梓在《移家赋》中有"暮年黉舍，远在海滨"。又在《赠真州僧宏明》中写道："十四随父宦，海上一千里。"说的都是这件事。在赣榆教书期间，吴霖起曾与知县单畴书等人于康熙五十六年（1718年）修建了尊经阁三间，次年即康熙五十八年（1719年）又合力兴建了敬一亭一座，这些都为赣榆学宫增色不少，当然也受到当地士子们的欢迎。这些事很容易让人联想到《儒林外史》中杜少卿与人合力重修泰伯祠一事。后来吴敬梓在南京修复先贤祠，虽然促成其事的原因有很多，父亲的言传身教也必不可少。吴霖起对吴敬梓的影响可见一斑。

赣榆地处海边，与全椒的生活迥异，吴敬梓在《移家赋》中说"鲑菜萧然，引觞徐酌"，金榘《次半园韵为敏轩三十初度同仲弟两铭作》诗中亦说"旋侍家尊到海澨，斋厨苜蓿偏能甘"。简单的生活，父子两个人过得倒也怡然自得。也因为赣榆地处海滨的

原因，吴敬梓经常有机会登山临水。《文木山房集》中有一首《观海》，大约就创作于这一时期：

　　浩荡天无极，潮声动地来。鹏溟流陇域，蜃市作楼台。
　　齐鲁金泥没，乾坤玉阙开。少年多意气，高阁坐衔杯。

　　从这首诗里可以看出吴敬梓渐渐从丧母的阴霾中走出来。或许是第一次看见大海，或许是大海的浩瀚感染了他。此时的吴敬梓登上高阁，手持酒杯，面对着大海，心胸豁然，意气风发。
　　因为父亲本身就是教谕，生活安稳之后，吴霖起又开始抓紧了对吴敬梓的教育。《移家赋》中有："春夏教以诗书，秋冬教以羽籥。""羽籥"指的是舞具和乐器。吴霖起根据季节的变化来安排自己的教学工作。吴霖起一边教当地的士子，当然也不忘教育自己的儿子。让吴敬梓光大吴氏、振兴吴氏的的初衷一直没有改变过，父亲希望吴敬梓能够顺利通过科举考试。关于教育吴敬梓，吴霖起除了身体力行之外，还给吴敬梓在家乡找了一位老师。吴檠《为敏轩三十初度作》中有：

　　广文不作常儿畜，归辄命之从梦庵。
　　下笔纚纚千言就，纵横食叶响春蚕。

　　金两铭的《和作》中亦有：

　　从宦祝其归里后，俎豆吾师曰訒庵。
　　大扣小扣发秘奥，勃窣理窟辟从蚕。

搦管为文摧俦偶，渐得佳境啖蔗甘。

　　诗中提到的"梦庵"和"訒庵"到底是谁，现在不得而知，应该指的是吴霖起在全椒给吴敬梓请的老师。在父亲和老师的谆谆教导下，吴敬梓在八股制艺和诗赋创作方面都有不小的进步，渐渐地他自己也认为已经掌握了八股文创作的技巧，这种得意之情在《古意》中有所流露。"妾年十四五，自矜颜如花"，"母兄命良媒，交口称柔嘉"，吴敬梓自拟女子来说自己文章创作已小有成就，对科举考试也充满了信心。

　　吴敬梓一方面在努力学习八股制艺，但是他我行我素，不受拘束的性格决定他不可能放弃自己的兴趣——"绮语"。吴檠《为敏轩三十初度作》中说："雄词博辩万人敌，我来一语俯首甘。赋诗诈人称沈约，草玄傅世仗桓谭。"吴敬梓雄才善辩，所作的文章可与沈约的作品相混淆，也抱有怀才不遇之感。

　　随着吴敬梓年龄越来越大，吴霖起开始考虑他的婚事。几经挑选，范围定在了全椒，最后选中了陶钦李的二女儿。吴敬梓在十六、七岁的时候成婚。陶氏和吴氏原已有渊源，陶钦李是吴敬梓亲祖父吴勖的女婿，也就是吴敬梓的姑父。那么吴敬梓和妻子就是姑表亲。陶钦李的大女儿嫁给了金榘，金榘的姑姑，就是吴敬梓的族兄吴檠的母亲，所以吴敬梓和长他十七岁的金榘由表兄弟关系变为连襟关系，至此吴敬梓和金榘的关系更为密切。

　　完婚之后的吴敬梓更为忙碌，一方面要在赣榆侍奉父亲，尽自己的孝道。另一方面，自己此时还是童生，得回全椒从师学习八股文章，所以这一期间吴敬梓不得不往返于全椒和赣榆，奔波于江南和淮北之间。

吴 敬 梓

康熙五十七年（1718年）夏，因为妻子有孕在身，十八岁的吴敬梓只身回到全椒。这年，他的岳父病逝，岳母为人懦弱，妻子的兄弟又不善于持家，岳父家的境况日益恶化。吴敬梓回到全椒，岳母因女婿的到来十分高兴。不过，因为未能见到爱女同归，岳母也十分怅惘，她向吴敬梓详细地询问了女儿的情况，吴敬梓十分耐心地回答了所有的询问后，她才安心。这一次聚会金榘也参加了，金榘在《次半园韵为敏轩三十初度同仲弟两铭作》一诗中，回忆了这次与吴敬梓在岳母家会面的情景：

犹忆著雍方盛夏，尔从夹谷归相探，
老人一见殊色喜，爱女平善得细谙。
急遣长须召我往，小园共宴乐且耽。
妇翁手植树已拱，假山石发垂鬑鬑。
酒后耳热争刻烛，平分风月谁独担？
何图沧桑在转瞬，彩鸾倏向云中骖。
五柳幽居属他姓，重到惟看月印潭。

对于岳父家的情况，岳母无计可施，两位女婿也无能为力，只能做一些劝慰而已。在吴敬梓离开全椒回赣榆不久，岳母病故。

4. 人生悲喜

吴敬梓从全椒返回赣榆后不久，就收到了亲生父亲吴雯延在南京病重的消息，为了尽自己的孝道，吴敬梓又来到了南京。对南京，吴敬梓并不陌生，他年少的时候曾经来过，其词《买陂塘》中说：

少年时，青溪九曲，画船曾记游冶。绑缠维处闻箫管，多在柳堤月榭。朝复夜。费蜀锦吴绫，那惜缠头价。

吴敬梓此次来南京心情已大不相同，见到亲生父亲，父子两人感慨颇多。那一年正值康熙五十七年（1718年）戊戌，学政到安徽主持岁考。吴雯延害怕耽误儿子的前程，不顾自己病重，强迫吴敬梓去参加考试。在父亲的严命之下，吴敬梓不得不赶赴滁州。这一次的考试吴敬梓并不是十分用心，因为一心牵挂父亲，故草草考完，没等待放榜他就匆匆赶回南京。吴敬梓回到南京的时候，吴雯延已病入膏肓，因为南京不是自己的故土，所以吴敬梓和其他的亲人一道护送吴雯延回全椒，好让父亲落叶归根。吴雯延本就病重，加之南京到全椒旅途劳顿，回故土不久就去世了。

当全家人都沉浸在悲痛之中的时候，考试成绩放榜，吴敬梓考取了秀才。秀才的考取证明了自己的努力没有白费。但此时的吴敬梓没有丝毫的开心，父亲病危时还在鼓励自己进考，但此时父亲却再也不能分享自己的喜悦。金两铭在《和作》一诗中描绘了吴敬梓进学、丧父这一阶段的境况：

无何阿翁苦病剧，侍医白下心如惔。
会当学使试童子，翁命尔且将芹探；
试出仓皇奉翁返，文字工拙不复谭。
翁倏弃养捷音至，夜台闻知应乐耽。
青衫未得承欢笑，麻衣如雪发鬖鬖。

丧父之痛冲淡了进学之喜，时隔多年之后，吴敬梓重访父亲

曾经读书的道观，亦想起了自己的父亲。《过从霄道院》前有小序曰："康熙丙子岁，先君子读书其中，今道士尚存，年九十余矣。"故地重游，虽景致改变不多，但却已物是人非了。

  铃铎风微静不闻，客来芳径正斜曛。
  烟昏树杪鸦千点，水长陂塘鹭一群。
  幽草绿遥寻古刹，疏窗碧暗哭遗文。
  白头道士重相访，极目满山飞乱云。

  在照顾亲生父亲这一期间，吴敬梓在南京停留较长的时间，有机会开拓了眼界，也结交了一些对其影响颇深的人。南京毕竟是六朝古都，也是明清两朝东南的大都会。当时的南京，不仅是全国经济、商业中心，也是文化、先进思想中心。这期间，吴敬梓直接或间接地接触到了一些思想家，诸如李塨、梅文鼎，还结识了一些和尚、道士，诸如周羽士等，这时期的经历与吴敬梓思想的形成与变化有非常大的关系。

  吴敬梓在处理完生父的事情之后，离开全椒，又回到了嗣父吴霖起的身边。遭遇了很多的不幸之后，吴敬梓终于迎来了一件喜事，即儿子吴烺的诞生。本来就没有己出的吴霖起如今有了孙子，喜悦之情溢于言表。全家人都沉浸在了喜悦之中，这似乎多少也冲淡了吴敬梓对生父逝世的哀思。日子又恢复了平静，吴霖起继续自己的教育事业，而吴敬梓也踏上了功名之路的第一步，开始继续学习，以待在举业上取得更大的成绩。

  平静的生活没有持续多久，因为姐夫金绍曾的病故，让吴敬梓再一次陷入了亲人离去的悲情之中。吴敬梓和他的姐姐同时过

继给了吴霖起，相较于其他兄弟姊妹，这一对姐弟感情笃深。姐姐比吴敬梓大七岁，尤其是母亲过世之后，吴敬梓在长姐身上得到了很多的慰藉，这样的感情不是一般姐弟能比的。姐姐二十二岁的时候嫁给了滁州秀才金绍曾。金绍曾字谷嗣，又作榖似，号衣亭，也是一位颇有才华的人。吴敬梓的儿子吴烺在他的诗《琅耶寺》小序中说："先姑金榖嗣读书于此，壁上题有醉咏梅花诗。"金绍曾的这首诗名为《春华小草》，具体的内容如下：

山僧夜不归，花落满柴门。
壁上淋漓墨，残行蚀漏夜。

也许是因为爱屋及乌，也许是因为同是性情中人，吴敬梓和姐夫的关系不错。金绍曾和吴敬梓姐姐的感情很好，育有两子一女。而子女尚未成人，姐夫就撒手人寰，这让吴敬梓十分担忧姐姐以后的境况。人生无常，吴敬梓就在悲与喜的交替中体会着人生的无奈。

吴敬梓与嗣父在赣榆的安稳日子持续了九年之后也结束了。吴霖起从康熙五十三年（1714年）开始，就开始了赣榆的教谕生涯，从前面吴霖起家世的介绍中可以知道，吴霖起是一个十分兢兢业业的教员，为人正直。在任期间，他修葺学宫，教书育人，尽自己最大的努力造福地方，但无奈的是世风日下，过于方正的吴霖起不被不良的社会风气所融，吴敬梓在《移家赋》中有这样的描述："守规矩与绳墨，实方员而枘凿。"吴霖起于康熙六十一年（1722年）离开了赣榆，带着全家老小回到了自己的故乡——全椒。吴敬梓在《移家赋》中说"归耕颍上之田，永赋遂初之

约"，指的就是父亲辞官归田这件事。虽然在偏远的小城任教谕不是什么有前途的职业，但是吴霖起却非常喜欢。本来就本分工作的教谕，却在任教九年之后失去教职，这对年事已高的吴霖起来说打击非常大。在回全椒之后一年左右的时间之后，吴霖起就离开了自己的儿子和亲人。吴敬梓在其《移家赋》自注中记载："先君于壬寅年去官，次年辞世。"

在大约五年的时间里，亲生父亲和嗣父相继离开了自己，对吴敬梓来说，吴霖起的去世对他的打击更大。吴雯延除了吴敬梓之外，还有其他的子女，但就吴霖起而言，吴敬梓是其唯一的儿子，故吴霖起的丧事，也只有吴敬梓一个人来处理。父亲的去世本来已经让吴敬梓非常伤心，但随即而来族中其他人对他这个长房长孙的刁难、指责，更让吴敬梓难以驾驭，独自体会着人生的苦涩。

吴敬梓十三岁，母亲去世，他和嗣父离开了全椒，直到他二十三岁，又返回了故乡。这十年的时间，吴敬梓往返于大江南北、淮河两岸，在苏皖两省往来。对于吴敬梓而言，少小离家似乎是不幸的，但这样的经历对他扩大眼界，了解社会现实是大有裨益的。在这十年里，除了娶陶氏，儿子吴烺出生，让吴敬梓体会到喜悦之外，母亲、生父、姐夫、嗣父的相继离世，一个一个的不幸构成了吴敬梓这一时期生活的主要内容。

（三）居乡岁月

1. 家族争产

如果说前十年吴敬梓的人生是不幸中夹杂着些许的喜悦的话，

那么后近十年，吴敬梓的人生亦是充满了坎坷，且更甚于前十年。

雍正元年（1723年），吴敬梓的嗣父在故乡全椒病故之后引发的财产之争，让吴敬梓在痛失父亲之后再一次陷入了痛苦之中。从吴敬梓家世的介绍中可以知道，全椒吴家是一直是以仁义、孝悌传家，从太高祖吴谦、高祖吴沛、曾祖父辈的兄弟五人，到祖父吴旦、吴勖，每一代人对父辈都是孝顺有加，兄弟之间也融洽、和睦。吴敬梓在他的《移家赋》中也不无自豪地说"讲孝友于家庭，有代传之清节"。令人不能理解的是，这样一个有着传统美德的家庭，却发生了争夺家产的丑剧。

其实财产争夺在吴敬梓这一辈之前就已经发生了。吴敬梓的曾祖父吴国对有三个儿子，大儿子吴旦和二儿子吴勖为正室所出，而三儿子吴昇是继室所出。吴旦以增生为州同知，早亡。吴勖以贡生为州同知，曾为一家之主。吴昇虽是继室所生，却为举人。吴旦去世之后，也许就是他曾经提出过分家，但是当时的吴勖"泣谢不许"。从这件事上，可以看出吴家当时已经是树大分支，有很多人为了自己的一己之利，争夺家产。这也预示了后来吴家兄弟的四分五裂，兄弟不和。

吴敬梓在吴家的地位是比较特殊的，一方面，吴旦死后，过继给吴霖起的吴敬梓就成了吴家的长房长孙，就这样的地位而言，吴敬梓必然会分得吴霖起的全部财产。另一方面，他毕竟是吴雯廷的亲生儿子，雯廷的财产也应分得一份，但事实却非如此。吴雯廷除了吴敬梓之外还有其他的子女，吴敬梓既然已经过继给别人，如今回来要分一杯羹，自然引得其他兄弟的不满，但是毕竟吴敬梓和这几个兄弟有骨血，不满也还是可以接受的。在吴霖起这边情况就就比较严重了。吴敬梓虽然是吴国对的长房长孙，但

毕竟是过继过来的，独得财产让族中很多人眼红。吴敬梓在吴家特殊的关系自然被引到了利益争夺的漩涡之中。无论是族中的叔伯，还是族中的兄弟都想尽各种办法染指吴敬梓所继承的财产。

面对这样突如其来的抢夺，让少不更事，不太懂得人情世故的吴敬梓难以招架。吴敬梓本就性格孤傲，又长期离开故乡，与族中其他叔伯兄弟的关系没那么好，在这场战争中自然困难重重。在《移家赋》中，吴敬梓愤慨地说："于是君子之泽，斩于五世，兄弟参商，宗族诟谇。"关于这场财产之争，吴檠在《为敏轩三十初度作》中所说："浮云转眼桑成海，广文身后何含。他人入室考钟鼓，怪鸮恶声封狼贪。"吴檠在诗歌中一连使用了怪鸮、封狼等典故，描述了当时吴霖起去世之后，叔伯、兄弟等像恶如怪鸮、贪似封狼，来抢夺他的财产。面对族人的强取豪夺，吴敬梓除了能在文字上讨伐之外，也无可奈何，最后他的财产被族人夺去了很大一部分。

在这场争夺财产的斗争中，吴敬梓失去的绝非财产这么简单，本就一个孝义传家的子孙，竟然为了财产而变为面目全非，这让吴敬梓一时接受不了。从抢夺财产这件事上，吴敬梓看到了族人的种种丑态，也让他开始意识到了人性的丑恶。在《移家赋》他中写到："嗟早年之集蓼，托毁室于冤禽。淳于恭之自箠不见，陈太邱之家法难寻。"这说明当年在这场家庭财产的斗争中，他的叔伯中没有一个能象淳于恭那样对自己严格要求、抚养子侄的人，也没有一个能象陈太邱那样处事公正、为别人排难解纷的人。他对家族中的一些人的本性有了清醒的认识。

除了被抢夺财产之外，吴敬梓还旁观了族人其他的可耻行径。他在《移家赋》中有这样的叙述：

假荫而带狐令，卖婚而缔鸡肆，求援得援，求系得系。侯景以儿女作奴，王源之姻好唯利，贩鬻祖曾，窃赀皂隶，若敖之鬼馁而，广平之风衰矣！

这里吴敬梓一连串使用了令狐楚、令狐绹、罗会、董叔、侯景、王源等人的典故，来表现吴氏族人在富贵面前是如何不讲操守，如何盘结富贵，贪财联姻。吴敬梓甚至担心族中会出现"熊虎之状""豺狼之音"的人，做出败坏吴家祖德，羞辱先人的事情。吴敬梓本来生活在一个书香门第，家风淳朴的家庭，从小也受到了很好的教育，但是随着自己遭遇的种种事件，让吴敬梓在成长的同时，也渐渐看清了自己所属的这个阶层的真实面目，看清了这个阶层成员丑恶的一面。认清这些事实虽然是痛苦的，但是对吴敬梓来说这些清醒的认知，也是颇为珍贵的。正是因为有财产被夺的经历，他才会在他的小说《儒林外史》把严贡生、严监生兄弟之间抢夺财产、立嗣之争表现地那么形象、深刻。

在《移家赋》中除了对吴家黑暗一面的描写之外，吴敬梓还以此为契机，把眼光放远，看清了当时的社会、人生。在他的赋中，还写出了在商业经济的冲击下，旧有的封建尊卑秩序被分化的图景。但是因为吴敬梓本为世家子弟，受门第观念的制约，他未能更深刻地看到社会的变化，只局限于讥讽趋炎附势的"势力"之风。正因为吴敬梓对家族、族人甚至整个阶层有了深刻的认知，之前坚守的信念砰然倒塌，他的人生观和世界观也随之发生了改变。

2. 放浪人生

面对族人的贪心与蛮横，让吴敬梓一时间陷入了迷惘之中，他不再遵循父亲的期望，放弃了对未来的追求，开始沉迷于恣意享乐，随性而为的日子。与之前孝顺、听话的吴敬梓不同，他开始肆意顶撞族中的长老，不听他们的规劝。他变得更加的放浪形骸，整日沉迷于诗酒的风流之中。加之吴敬梓不谙世故，不懂得经营，一掷千金，被夺之后的遗产也渐渐耗尽。吴檠在《为敏轩三十初度作》中说：

> 弟也跳荡纨绔习，权衡什一百不谙。
> 一朝愤激谋作达，左驵右妠恣荒耽。
> 明月满堂腰鼓闹，花光冉冉柳鬖鬖。
> 秃衿醉拥妖童卧，泥沙一掷金一担。
> 老子于此兴不浅，往往缠头脱两骖。
> 香词唱满吴儿口，旗亭法曲传江潭。
> 以兹重困弟不悔，闭门嗟嗞长醺酣。
> 国乐争歌康老子，经过北里嘲颠憨。
> 去年卖田今卖宅，长老苦口讥喃喃。
> 弟也叉手谢长老，两眉如戟声如翵。
> 男儿快意贫亦好，何人郑白兼彭聃？
> 安能瑟缩如新妇，钩䤨齑盐手馈盦？

金两铭在他的《和作》中也说：

迩来愤激恣豪侈，千金一掷买醉酣。

老伶小蛮共卧起，放达不羁如痴憨。

吴敬梓这种声色犬马的生活与一般的纨绔子弟不同，他的放纵更多的是处于诗歌中两次提及的"愤激"，正是由于之前对人性、对家族、对社会的不满与失望，吴敬梓才会在沉迷于声色之中，恣意豪奢。此时的吴敬梓无事生产，自己本身又没有入仕，没有任何的经济来源，为了生计，他不得不变卖家产。对吴敬梓的行径，一些关心他的人开始规劝他，可吴敬梓都置若罔闻。变卖遗产毕竟不是长久之计，不久，吴敬梓就"田庐尽卖"，甚至于"奴逃仆散"。其词《减字木兰花》（庚戌除夕客中）说，"田庐尽卖，乡里传为子弟戒。"放浪形骸的吴敬梓成了家乡败家子的典型，这些他都不予理采，依然我行我素。

吴敬梓从小身体就不好，又遭遇了许多人生的不如意，二十五六岁的时候健康状况越来越差，病魔缠身。他在诗歌中说："病魔皆故物，诗境落孤怀。"（《遗园》）这一阶段，吴敬梓表面上放浪形骸，但其实内心深处还是非常孤独、寂寞的，这样的心情又加重了病情。从这时候开始，吴敬梓就整年病不离身。他之后的很多诗歌常常提及自己的病。"闲情时有作，消渴病难除"（《春兴八首》），"客久无乡梦，愁深有病魔"（《残春僧舍》），"一痕蟾光白昼残，空庭有人病未安"（《病夜见新月》），"素领应随秋气深，却缘消渴罢弹琴"，"那堪多病卧匡床"（《秋病四首》）。甚至于他后来所住的水槛里升起的都是"一缕药烟"，弹琴、吟诗、作赋、写文，一切都只能暂时作罢。

从吴敬梓的诗词中可以知道，他患的是消渴症。"消渴病难

除"（《春兴八首》），"却缘消渴罢弹琴"（《秋病四首》）等等。在词中吴敬梓也多次提及："尽解相如消渴，更添他杜康沉缅"（《水龙吟》），"臣之壮也，似落魄相如"（《买陂塘》）。从以上面这些诗词可知，他所患的疾病与司马相如一样，都是消渴病，消渴症就是我们今天所说的糖尿病。本就身体不好，加之又遇到了其他的烦心事，之后，消渴症就时不时地折磨着吴敬梓。

如前所说，族人视金钱如生命，吴敬梓就反其道而行之，视金钱如粪土。虽然他用极端的形式来发泄自己心中的激愤，但是仍然不能让他彻底地平静。父亲去世、遗产被夺，这些不如意仍然萦绕在吴敬梓的心中，让他的内心痛苦不已，再加上身体不适，这阶段吴敬梓的生活状态就可想而知了。他的《遗园》四首有这样的描述：

辛苦青箱业，传家只赐书。荒畦无客到，春日闭门居。
柳线和烟结，梅根带雨锄。旧时梁上燕，渺渺独愁予。

新绿渐成阴，催耕闻暮禽。治生儒者事，谋道古人心。
薄俗高门贱，穷途岁序深。无聊爱坟籍，讵敢说书淫。

秋声何日到，残暑去天涯。鸦影梭烟树，松阴绘月阶。
病魔皆故物，诗境落孤怀。独倚危楼望，清光聚此斋。

风雨漂摇久，柴门挂薜萝。青云悲往事，白雪按新歌。
每念授书志，其如罔极何。可怜贫贱日，只是畏人多。

在这组诗中，吴敬梓一方面在瞻顾先人的遗迹中缅怀家声科第，为自己没能继承而感慨。另一方面描写了自己一年四季的生活状态。"荒畦无客到，春日闭门居"，这样的生活状态唯一值得安慰的是"辛苦青箱业，传家只赐书"。吴敬梓在读书的同时心思也仍在"治生儒者事，谋道古人心"。

不管吴敬梓表面上发生了怎样的改变，但"学而优则仕"的传统观念，父亲吴霖起灌输的科举荣家的思想在他心中已经根深蒂固，加之人毕竟要活着，吴敬梓也得考虑生计问题。所以在放纵了一段时间之，吴敬梓于雍正七年（1729年）二十九岁的时候，参加了滁州的科举考试。

3. 乡试落第

这次滁州的科考是决定能否参加乡试的预考。这次的科考由安徽学使李凤翥亲自来滁州主持。凤翥字云麓，江西建昌人，康熙三十六年（1697年）进士，雍正四年（1726年）以鸿胪寺卿出任安徽学政。吴敬梓来到滁州之后，先是看望了自己在滁州的姐姐，然后就一心准备此次的科考。每一次的科举考试都是士子难得的一次交往、交流的机会，吴敬梓科举世家的身份，加之他的才情，自然成了其他士子结交的主要对象。吴敬梓之前经历了诸多不顺，也过了几年相对孤寂的生活，一旦结交了许多和自己目的一样的新旧朋友，他自然敞开胸怀，诉说自己的悲惨境遇及其远大的抱负。这本就无可厚非，但相聚于茶馆酒楼，必不可少的就是饮酒。在酒酣耳热之时，吴敬梓时不时地也发表一些对世事的愤懑不满和怀才不遇之情。故金两铭在《和作》中说："昨年夏五客滁州，酒后耳热语喃喃"。

吴敬梓

说者无心听者有意，吴敬梓的一些言论，加之之前在其家乡他的一些乖张行为的传言，不胫而走，就传到了李凤翥的耳中，这对谋求科举的人来说是非常不利的，吴敬梓也意识到了这一点。自从康熙五十七年（1718年）十八岁考取秀才之后，吴敬梓之后历经几次乡试都未中，而这一次又要因为自己的不慎言行被黜退，他的心中懊悔不已。这一时期吴敬梓虽然对社会已经有了一定的认识，但对科举世家出身的他，还未到与科举彻底决裂的地步，此时对他来讲，科举考试仍然是自己的一条必经之路，功名还是孜孜追求的。为了挽回自己的错误，吴敬梓竟然向李凤翥跪拜求情。此时的吴敬梓也是孤注一掷，他的行为遭到了李凤翥的大声呵斥，吴敬梓当时感到了莫大的羞愧。幸运的是虽然李凤翥对吴敬梓的言行非常生气，但他还是一个惜才的人。在看过了吴敬梓的文章之后，破格录取他为第一名。

金两铭在他的诗《和作》对此事有记载：

文章大好人大怪，匍匐乞收遭虩虺。
使者怜才破常格，同辈庆迁柱下聃。
居停主人亦解事，举酒相贺倾宿庵。
今兹冠军小得意，斯文秘妙可自参。

这样的结果出乎吴敬梓的意外，也让他的朋友感到意外。从上面的诗歌可以知道，他的居亭主人，即客店老板也为他高兴，准备了酒菜，招集其他的朋友一起庆贺。

这样的喜悦没有持续多久，吴敬梓又遭遇了沉痛的打击。学使李凤翥在主持了这词科考之后，就三年任满，回京复命去了。

新任的安徽学使是王兰生。王兰生字振声,直隶交河人,康熙六十年(1721年)进士。他不像李凤翥那样包容人。他上任之时,离科考之日不远,科考时的种种情况他自然有所了解,对吴敬梓当时的"出格"表现,这位新学政也必有所耳闻,这些对吴敬梓参加乡试,都是极为不利的。结果吴敬梓没有像上一次那样幸运,科考名落孙山,铩羽而归。

这次落第的打击对吴敬梓是巨大的,他原以为凭自己的才华,考中是一件非常容易的事,尤其是科考获取第一名之后,"今兹冠军小得意,斯文秘妙可自参",还以为自己已经掌握了八股文的"秘妙",岂知正式的乡试竟一败涂地。本想通过科举考试谋求一官半职来重振门楣,结果理想成为泡影,他的情绪也随之跌落低谷。

4. 丧偶续弦

在吴敬梓财产被夺,放浪人生的这个时期,妻子陶氏的身体每况愈下。上文中已经叙述了康熙五十七年(1718年)夏,吴敬梓只身从赣榆回到全椒,意图处理岳父家的事情,但是当时的陶氏败落已经无可挽回,之后几年,陶氏已经败落不堪,甚至到了"五柳幽居属他姓","栗里已无锥可卓"的境地。父母相继去世,娘家累遭打击,这对陶氏已经是不小的刺激了。另一方面,吴敬梓遭遇族人抢夺财产,之后沉沦不醒,放浪形骸,不断地变卖祖产,甚至成为败家子的典型,乡里人茶余饭后的谈资。这两方面的打击彻底击垮了陶氏,她的病情越来越严重。

金榘在《次半园韵为敏轩三十初度同仲弟两铭作》中说:

吴敬梓

五柳幽居属他姓，重到惟看月印潭。
几载人事不得意，相逢往往判沈酣。
栗里已无锥可卓，吾子脱屣尤狂憨。
卜宅河干颇清适，独苦病妇多詀喃。
无何炊臼梦亦验，空闻鼓盆疑虢魖。

娘家和夫家连遭打击，丈夫的"不务正业"，让陶氏一时很难接受，唠叨也就越来越多。此时的吴敬梓一边要照顾病重的妻子，一边还要忍受妻子的絮叨，生活状态可想而知。不久妻子就病逝了，吴敬梓和妻子的感情很好，妻子的离世，让吴敬梓十分伤心，放声痛哭，他在很长一段时间里，都沉浸在丧偶的痛苦之中。

妻子离世，科考失利，这让一直以才情自傲的吴敬梓很难回到家乡，他科考失败之后，他来到了南京小住。为了排遣内心的苦闷，吴敬梓经常和朋友纵情山水。雍正八年（1730 年）除夕，本来是一个合家团圆的日子，但是客居南京的吴敬梓却只身在冷清的寓所。外面是除旧迎新的炮竹声，而屋里则是他孑然一身，面对着一盏孤灯，吴敬梓抚今追昔，不胜悲伤，也因经历的多，感慨的多，故一气呵成，写下了《减字木兰花》（庚戌除夕客中）一组八首词。沈宗淳在《文木山房集词序》中说："辟之蚕丝春半，能遇物而牵萦；蛩语秋清，只自传其辛苦。"胡适的《吴敬梓年谱》中也说这组词"颇多传记材料"。在这组词中，吴敬梓对自己三十年来，尤其是近三年的生活进行了深刻地反思和总结。

其一云：

今年除夕，风雪漫天人作客。三十年来，那得双眉

时暂开。　　不婚不宦，嗜欲人生应减半。鲍子知余，满酌屠苏醉拥炉。

姓鲍的朋友与吴敬梓共饮几杯酒之后回家与家人团聚了。时值除夕，又漫天的大雪，正好与他前三十年的生活相契合。"三十年来，那得双眉时暂开"，这正是吴敬梓三十年坎坷生活的高度概括。妻子病故，尚未续弦，年已而立，依然布衣，正是他词中所说的"不婚不仕"。即使三十年来遭遇了诸多的不幸，可吴敬梓仍然把科举考试作为人生当中正当的"嗜欲"，此时的吴敬梓仍然不出一般士子的思想意识。

其二云：

　　昔年游冶，淮水锺山朝复夜。金尽床头，壮士逢人面带羞。　　王家昙首，伎识歌声春载酒。白板桥西，赢得才名曲部知。

在这首词里，吴敬梓回忆了自己当年在南京风月场中的事情。在南京，吴敬梓也曾经挥金如土，也因为自己的挥霍无度，才有"金尽床头"的窘境。人入中年之后，吴敬梓似乎对自己之前放浪的行为有所懊悔。但是自己的妓楼酒馆的风流韵事，也为他"赢得才名曲部知"，这也让他感到欣欣然。

其三云：

　　田庐尽卖，乡里传为子弟戒。年少何人，肥马轻裘笑我贫。　　买山而隐，魂梦不随溪谷稳。又到江南，

吴 敬 梓

客况穷愁两不堪。

由于自己的挥霍无节制，致使自己田庐尽卖。吴敬梓俨然成了全椒典型的"败家子"，成了大家教育子弟的反面教材。这让吴敬梓非常激愤，一时产生了要买一块山地隐居起来的念头。此时的吴敬梓不是真正想隐居，而是不愿意面对世俗而已。在自己穷困潦倒之际，恰逢又一次客居南京，只有通过一杆笔来抒发自己心中的愤懑。

其四云：

学书学剑，懊恨古人吾不见。株守残编，落魄诸生十二年。　狂来自笑，摸索曹刘谁信道。唱尽《春阳》，勾引今宵雪满门。

当年项羽学书不成，又去学剑，亦不成，最终学成万人敌。对已经而立之年的吴敬梓而言，出身科举之家的自己别无其他的技艺，能走的也唯科举一条路而已。但是自己刻苦读书，寄希望于一朝能够一举成名，可是做了十二年的秀才，却屡次在科考中失败。从词中所用的徐陵的典故可推断吴敬梓因为自己的经历，对科举考试和选拔人才的办法产生了质疑。与此同时，吴敬梓对自己当初"歌尽春阳"，导致今"雪满门"的结果做了一番检讨。

其五云：

哀哀吾父，九载乘箕天上去。弓冶箕裘，手捧遗经血泪流。　劬劳慈母，野屋荒棺抛露久。未卜牛眠，

何日泷冈共一阡？

虽然在上一首词中，吴敬梓对科举考试有了一定的怀疑，也对自己之前的放浪言行有所懊悔，但由于思想的局限性，吴敬梓还看不到科举考试的实质，他看到的只是考试官吏的有眼无珠而已。《学记》中载"良冶之子，必学为裘；良弓之子，必学为箕。"冶金、造弓的子弟尚能子承父业，光大门楣，而自己却只有"手捧遗经血泪流"，想着自己一事无成，更加愧对父亲的栽培。母亲的棺木在荒郊野屋暴露了很久，词中用欧阳修选泷冈合葬父母的典故，对自己不能为父母找一块风水宝地合葬而深深地自责。

其六云：

闺中人逝，取冷中庭伤往事。买得厨娘，消尽衣边苟令香。　愁来览镜，憔悴二毛生两鬓。欲觅良缘，谁唤江郎一觉眠。

虽然发妻已经病逝，但回想起当时的恩爱场面，还是让人无限温馨，而今徒增伤心而已。陶氏去世之后，吴敬梓也曾买过妾，希望有人能够料理家务，照顾自己。但是知音难求，厨娘的庸俗，把自己的风雅之气全都磨没了，自己也变得俗气不堪。两者对比，更突出了吴敬梓对妻子的深切怀念。闲愁的时候，对着镜子中两鬓已经斑白、容颜已经憔悴的自己，更生惆怅，什么时候才能够找到真正的良缘？

其七云：

吴 敬 梓

  文澜学海，落笔千言徒洒洒。家世科名，康了惟闻舭龇声。　郎君乞相，新例入赘须少壮。西北长安，欲往从之行路难。

  吴敬梓认为自己博览群书，满腹经纶，文章下笔一蹴而就。自己的家世又好，为什么科举总是不成功呢？而今囊中羞涩，自然没有钱去捐功名，何况，捐的功名也得趁年轻时期。遥望京城，什么时候才能在那儿一展宏图？期间的道路也是艰难无比。

  其八云：

  奴逃仆散，孤影尚存渴睡汉。明日明年，踪迹浮萍剧可怜。　秦淮十里，欲买数椽常寄此。风雪喧阗，何日笙歌画舫开？

  如今自己家业败落，奴仆四散，自己孑然一身，前途渺茫，过了除夕就是明年，不知道又会漂泊到哪里？在这里，吴敬梓萌发了在南京定居的想法，希望能够买下几间房舍，长久地居住于此。虽然现在处境凄凉，但是吴敬梓仍然希望自己有一天能够功成名就，重振吴家，恢复"笙歌画舫"的美好日子。

  这组八首词，是吴敬梓对自己前三十年的回顾和总结，表达了自己不婚不仕、不能合葬父母的悔恨和对自己昔年行径的反思。虽然对自己一直追求的举业有所怀疑，但依然执著其中，在迷惘之中，希冀自己能够实现愿望。

  虽然在上面的词中吴敬梓流露出了想在南京定居的想法，但是一时还不得实现，无奈之下，他还得回到故乡全椒，面对那些他反感的族人和乡人。在《移家赋》中，吴敬梓回忆这段在家乡

的生活时说"贺拔基之交疏，刘鹓鶵之门杜"，从这句可以知道吴敬梓在故乡受到了空前的冷遇，一些故人甚至相会于路上也装作看不见，在拜访亲友时，"竟有造请而不报，或至对宾而杖仆"，这样的遭遇让吴敬梓痛苦不堪。吴敬梓在创作于雍正九年（1731年）的《贺新凉》（青然兄生日）中抒发了自己极其凄凉的心情，反映了自己极其困窘的处境。

捉鼻低头知不免，且把棋枰共赌。莫问他、故人何处。小弟今年惟悼甚，但衔杯、不放银蟾去。池草尽，昔时句。

虽然处境艰辛，但吴敬梓对未来的仕途还是有信心的。就在吴敬梓遭遇人生最低谷的时候，比较幸运地遇到了一位独具慧眼的人，一位从外地迁徙到全椒，名为叶草窗的医生。草窗翁原是苏州人，后流寓全椒，是一位儒医。从吴敬梓的诗《挽外舅叶草窗翁》中可以知道，草窗翁家中并不富有，四五间茅屋，不大的院落，院落篱笆周围栽种了各种药材和花卉。书房的案头上也堆满了各种医书。草窗翁对医术孜孜以求，精益求精。除了医学外，他还热衷于《周易》和老庄思想，并颇得其精髓。做到了"逍遥无物累"的境界，连生死也处之坦然。这样一位高义之人，不顾众人的非议，把自己的爱女嫁给了吴敬梓。"爱女适狂生，时人叹高义"（《挽外舅叶草窗翁》）说的就是这件事。

在《挽外舅叶草窗翁》中吴敬梓把草窗翁比作推辞聘赐、安贫守穷的娄岑，又将他比作弃官隐居的梅福，而自己就是梅福的女婿，不受辞退高官，隐居富春的严子陵。草窗翁和吴敬梓虽为

岳丈和女婿的关系，而实质上更像是两个志同道合的朋友。草窗翁不仅在吴敬梓困难的时候给予了莫大的认可和慰藉，而且对吴敬梓的思想影响很大。吴敬梓后来多次产生归隐和晚年"治经"的想法，多多少少与草窗翁有关。《儒林外史》里虞博士的形象里也可以看到草窗翁的影子。

吴敬梓续弦之后，在全椒的日子仍然不好过。他虽然做了努力，希望能够缓和与乡人及吴氏族人之间的关系，但仍是徒劳。在发出了"似以冰而致蝇，若以狸而致鼠"（《移家赋》）的感慨之后，吴敬梓决定举家迁到南京。终于在吴敬梓三十三岁的时候，吴敬梓"见几而作，逝将去汝"（《移家赋》）。

（四）寓居南京

1. 移家南京

雍正十一年（1733年），吴敬梓做出了人生中的一个重大决定，移家南京。虽然之前吴敬梓就流露出想定居南京的想法，可真正要付诸实践的时候，还是颇费周折。要举家迁移，就要做一些物质上的准备。而此时的吴敬梓娶了叶氏，生活比较拮据，在逼不得已的情况下，他不得不变卖祖宅。在族人争夺财产时，吴敬梓变卖田宅多是处于激愤，还浑然不觉。而今要彻底离开，被动地变卖祖宅的时候，吴敬梓的内心是非常不忍的。一方面厌恶乡人和族人的冷遇与误解，一方面要变卖祖产，吴敬梓内心做了激烈的斗争。在《移家赋》序中吴敬梓说："晏婴爽垲，先君所置，烧杵掘金，任其易主"，赋中借用了晏婴、何文的故事来说明他在激烈斗争之后，决定把祖宅变卖出去，以备迁徙之资。

吴敬梓虽然对南京神往已久，但要移家南京内心还是惴惴不安。《移家赋》序中他说：

> 土云信美，客终畏人。阮籍之哭穷途，肆彼猖狂；杨朱之泣歧路，悲其南北。昔陆士衡之入洛，卫叔宝之过江，俱以国常，非由得已。

序言中吴敬梓用了阮籍、杨朱的故事，表达了自己一个外乡人迁往南京的忧虑之情。又举了陆机去洛阳，卫玠移家江南的例子，这些历史上的人物移家都是因为国家发生动荡，不得以而为之。而自己"梓家本膏华，性耽挥霍，生值承平之世，本无播迁之忧"（《移家赋》)，那为什么要移家呢？在序中吴敬梓说：

> 枭将东徙，浑未解于更鸣，鸟巢南枝，将竟托于恋燠。

吴敬梓就是为了不"更鸣"，不听族人的劝诫，不屈从于世俗之人，才选择了迁徙，希望能够在新的地方寻求温暖和理解。

雍正十一年（1733年），过了农历的正月，吴敬梓料理了琐事，整理好行装之后，带着叶氏和吴烺，坐上了开往南京的小船。一年后吴敬梓在《移家赋》中有这样的描写："百里驾此艋艇，一日达于白下。"全椒和南京本就不远，不一日就到达了目的地。仅从赋中的句子来看，吴敬梓当时的心情是轻松愉悦的，但移家毕竟是逼于无奈的事情，表面上旷达的吴敬梓，内心其实是非常心酸的。在移家南京的若干年之后，回想起当年的情景，吴敬梓还是颇为感伤的。《文木山房集》卷二中保存了一首诗《小桥旅

夜》，或许这首诗可以表达吴敬梓当时内心真实的想法。

> 客路今宵始，茅檐梦不成。
> 蟾光云外落，萤火水边明。
> 早岁艰危集，穷途涕泪横。
> 苍茫去乡国，无事不伤情。

虽然吴敬梓的先人有不少人曾经在南京居住过，但都未购置房产。故吴敬梓只能用变卖祖宅的钱买了一处住房，位置在秦淮河与青溪相交的淮青桥附近，名为秦淮水亭。在词《买陂塘》中吴敬梓曾说"偶然买宅秦淮岸，殊觉胜于乡里"。这首词的小序中也说"癸丑二月，自全椒移家，寄居秦淮水亭"。至于吴敬梓水亭的具体位置，他在《洞仙歌》词中他说"我亦有、闲庭两三间，在笛步青溪，板桥西畔"。在诗《青溪》小序中更有具体说明："过大中桥而北为青溪……其流九曲，达于秦淮……入壕而绝，所谓青溪一曲也。秦淮水亭相连"。由此可见，吴敬梓在南京所购置的秦淮水亭在笛步、青溪一带。这里曾经是六朝时期陈代尚书令江总（519—594）的宅子。明朝嘉靖年间南京刑部尚书顾璘（1476—1545）也曾在此修息园。

住的地方子已经买好，全家安顿下来，接下来就是祝贺乔迁之喜了。旧亲新朋如沈遂初、朱草衣、李啸村、章裕宗、周幔亭等来贺，曾赋《看新涨》，吴敬梓除了和作之外，也填了两首《买陂塘》，其中第一首这样说：

> 癸丑二月，自全椒移家，寄居秦淮水亭，诸君子高

宴，各赋《看新涨》二阕见赠。余既依韵和之，复为诗余二阕，以志感焉。

　　少年时，青溪九曲，画船曾记游冶。绑纜维处闻箫管，多在柳堤月榭。朝复夜。费蜀锦吴绫，那惜缠头价。臣之壮也，似落魄如相如，穷居仲蔚，寂寞守蓬舍。

　　江南好，未免闲情沾惹。风光又近春社。茶铛药碓残书卷，移趁半江潮下。无广厦。听快拂花梢、燕子营巢话。香销烛灺。看丁字帘边，团团寒玉，又向板桥挂。

吴敬梓在词中描述了自己移家之初的心情。回忆自己年少时曾经游冶的青溪、柳堤、月榭，时值壮年的他，却家产散尽，固守陋舍。春日赛社的时节，带着仅存的家当来到了南京。以自己的财力已经不能购买高堂广厦，在简陋的宅子里听燕子筑巢、嘤鸣，夜阑人静的时候也可以欣赏板桥上悬挂的一轮明月。

这首词介绍了吴敬梓初来南京时的境况，虽然生活拮据、落魄，但有时也颇有情志。第二首：

　　石头城，寒潮来去，壮怀何处淘洗？酒旗摇扬神鸦散，休问獅儿狮子。南北史，有几许兴亡，转眼成虚果。三山二水，想阅武堂前，临春阁畔，自古占佳丽。

　　人间世，只有繁华易委。关情固自难已。偶然买宅秦淮岸，殊觉胜于乡里。饥欲死。也不管，干时似渐矛头米。身将隐矣。召阮籍嵇康，披襟箕踞，把酒共沉醉。

从历史的角度看待南京城的兴亡史，兴也好，亡也罢，一切

都是过眼云烟，三山二水、阅武堂、林春阁，自古都是胜地，人世间最容易逝去的就是繁华。吴敬梓寓居南京之后，感染了南京的历史氛围，移家秦淮河畔之后，虽然贫困，也不想再去在仕途上钻营，希望能与六朝时的阮籍、嵇康一样，自由自在、无拘无束，过着恣意酣饮大醉，忘却一切烦恼的日子，吴敬梓再一次萌发了归隐的念头。

2. 新交旧友

在南京的日子虽然经济上有些困难，但大体比在全椒好很多。寓居南京之后吴敬梓开始结交南京的一些文人、学者、画家等等，慢慢地融入到了南京这个经济和文化都繁盛的地方。这一期间结交的这些人，对他后来的人生产生了很大的影响。

程廷祚是吴敬梓的好友，程晋芳在《文木先生传》中说"与余祖绵庄为至契"，是《儒林外史》里面庄绍光的原型。程廷祚名墨，字启生，号绵庄，生于康熙三十年（1691年），比吴敬梓年长十岁，卒于乾隆三十二年（1767年），比吴敬梓晚十三年。自小聪颖过人，年轻时专攻经学，后尊颜李之学。康熙五十九年（1720年），六十二岁的李塨来到南京，程廷祚有机会与之会面论学。李塨亦是吴敬梓曾祖父吴国对的门生，他在南京期间也可能会会见吴敬梓，最起码李塨在南京的讲学，吴敬梓直接或间接都会接触一些，这些都为吴敬梓后来接受颜李学说打下了基础。另外，程廷祚对于《诗经》美刺说的见解，也对吴敬梓产生了一定的影响，程廷祚有《青溪诗说》，吴敬梓亦有《诗说》。程廷祚关于美刺的理论或见解，对吴敬梓《儒林外史》中采用的讽刺艺术也有或多或少的影响。

刘著，字允恭，号学稼，湖北江夏人。他既是一位科学技术专家，也是一位学者。刘著早年师从李塨，后受业于历算专家梅文鼎。他曾被诬陷"交匪类，藏禁书"下狱。在南京期间，通过程廷祚、李塨等人，和吴敬梓有一定的交往。也因为有所交往，吴敬梓的长子吴烺才可以师从于刘著学习历算之学。刘著的气节和学术对吴敬梓也有一定的影响。

周榘，字于平，号幔亭。与其父亲周荣光同是吴敬梓的好友。吴敬梓曾和周荣光及其周榘一起听笙，并写了一首诗《笙》：

数声鹅管绛唇乾，拨火金炉夜向阑。
孺子独生伊洛想，仙娥曾共幔亭看。
几时天上来青鸟，何处风前听紫鸾。
最忆澄心堂里曲，小楼细雨十分寒。

周榘著有《阙里小志》《清凉山志》《幔亭诗钞》。他不仅是位文人，而且还善画、通历算之学，更擅长于制造科学仪器。袁枚在《小仓山房续文集》卷二十六《幔亭周君墓志铭》中称周榘和樊圣谟是精通金石文字的"二贤"。周榘不仅是吴敬梓的友人，而且又与吴敬梓长子吴烺有交往。他曾写有《同啸村别峰碎琴再集，迟荀叔钟悦不至》（见《所知集》卷八）：

笑口难逢却又逢，及时谁忍负萍踪。
风清月白真良夜，酒绿灯红奈个侬。
凤尾齐开双椀集，蒲牢碎吼一楼钟。
禅房那比巉岩上，二客何当竟不从。

吴　敬　梓

　　题目中的"啸村"指的是李葂，可见周榘与李葂、吴敬梓及其长子吴烺经常在一起集会。与周氏父子尤其是周榘的交往，对吴敬梓视野的开拓无疑产生了积极的影响。

　　除了上面三位自然科学家、学者之外，吴敬梓在南京结识、交往最多的还是文人，包括朱卉、李葂、徐紫芝、黄河、姚莹等。

　　朱卉，初名灏，字草衣，安徽芜湖人。贫寒之士，中年之后娶妻，以教童生为业。吴敬梓的从外曾孙金和在《儒林外史跋》中说"牛布衣之为朱草衣"，吴敬梓在小说中采用了朱草衣"依吉祥寺僧"，"游他郡，访诸名宿与之讲切，遂工今体，所历半天下"（见《江宁府制》卷四十二《流寓传》）等经历。朱卉工诗，尤其是近体诗，代表作有《由灵谷寺经孝陵》：

> 青山无复翠华踪，古寺荒凉路几重。
> 秋草人锄空苑地，夕阳僧打破楼钟。
> 苍苔漠漠丰碑蚀，黄叶萧萧享殿封。
> 宫监白头今卖酒，年来犹护几株松。

　　朱卉也因为这首诗被称为"朱破楼"。朱卉去世之后葬于南京的清凉山，袁枚在其墓碑上题有："清故诗人朱草衣先生之墓。"（《随园诗话》卷九）朱草衣有诗云："赢酒远浇亡友墓，忍寒先赎故人衣。"可见他是一个看轻财物、重友情的性情中人。吴敬梓移家南京不久，就结识了朱草衣夫妇。两家住处相去不远，交往比较频繁。

　　吴敬梓移家南京不久就作了一首《洞仙歌》（题朱草衣《白门偕隐图》），词中有"羡双仙，一种游戏情怀"的句子，赞美草

衣夫妇的相亲相爱。当朱卉"行年五十"之际，吴敬梓又写有词《金缕曲》（七月初五朱草衣五十初度）：

> 织履堂中客，困风尘、如流岁序，行年五十。南越北燕游倦矣，白下鉴坏为室。似巢父一枝栖息。昨夜桐风惊短梦，把园林万绿都萧瑟。秋士感，壮心迫。
>
> 荀卿正遇游齐日，叹胸中著书千卷，沉埋弃掷。尚有及时一杯酒，身后之名何益？张季鹰斯言堪述。天意也怜吾辈在，且休忧尘世无相识。长寿考，比金石。

词中对朱卉"南越北燕"的漂泊生涯表示同情，劝朱草衣"且休忧尘世无相识"，最后又祝福他"长寿考，比金石"。吴敬梓有一次旧病复发，回首自己多年的坎坷际遇，曾写下《秋病》四首，其一云：

> 女兰香细掩窗纱，白袷单衣病里加。
> 一缕药烟当水槛，寒蝉声断夕阳斜。

朱卉见到此诗以后，随即和作一首：

> 月影初临树影加，茶烟将断篆烟斜。
> 闲凭曲录阑干立，一架秋风扁豆花。

吴敬梓在《寒夜坐月示朱草衣二首》中有："今夜霜中月，依然照独吟。"在这样一个冷寂的夜晚，他"忽念朱居士，耽吟夜

撚髭"，希望能相对而坐，"斟酌月明时"。从这些诗词的酬唱中，可见两人极为深笃的友情。

李葂，字让泉，一字啸村，号皖江铁笛生，安徽怀宁人。李葂从小就非常聪颖，据《怀宁县志》卷十九《文苑》载："落拓无所遇"，"雍正乙卯（1735年）试博学鸿词，两淮都转卢氏见曾以葂为荐，为学使者放归"。乾隆辛未（1751年）弘历南巡，曾召试，李葂参加，"赐宫缎及内造针黹等物。"但即使这样，他仍未取得功名。吴敬梓因为自己与李葂的身世相近，故对其怀才不遇感同身受。徐允临从好斋辑校本《儒林外史》眉批中说："季苇萧之为李筱（啸）村。"吴敬梓根据李啸村"客游金陵、维扬间数十年"和在扬州娶妾的行为，在他的小说中塑造了一个有才华而佻达的季苇萧的形象。李葂工近体诗，卢见曾为他刊刻《啸村近体诗》三卷。他还善作画，尤擅山水，兼精翎毛花卉，曾到扬州为卢见曾画虹桥揽胜图，名噪一时。他不仅与"扬州八怪"之一的李鱓并称"二李"，而且与"八怪"中的郑板桥有交往。吴敬梓移家南京初，李啸村造访其舍，故吴敬梓作《沁园春》（送别李啸村）：

春雨如丝，假盖冲泥，访余板桥。叹佯狂李白，思原无敌；工愁吴质，益用增劳。水色萦窗，衣香满座，共倚河亭短烛烧。惊心处，又蒲帆高挂，待趁新潮。

黯然欲别魂消，怅去住难凭仗彩毫。怕鱼笺三万，仅能涂抹；龙宾十二，只解诙嘲。开府清新，参军俊逸，何日论文倒浊醪。君思我，在秦淮十里，杨柳千条。

从这首词里看得出来吴敬梓和李葂经常在一起吟诗论文,"水色萦窗,衣香满座,共倚河亭短烛烧"。吴敬梓对他的文采十分欣赏,希望以后有机会再见。他们离别后不到半年的时间,吴敬梓十分怀念李葂,又写《寄李啸村四首》寄给他。在诗中,吴敬梓赞美李葂的才情,同情他的不幸遭遇,而且劝慰道:"共君相约年年醉,世上升沉安足论。"李啸村也常到青溪附近的秦淮水亭闲步,并留下《青溪即事》(见《金陵诗征》卷四十四):

粉墙红扫落花痕,一带楼台树影昏。
雨细风斜帘未卷,纵无人在也消魂。

两年后,吴敬梓又作了词《庆清朝》(李啸村留饮园亭)以表达对李葂的思念。

徐紫芝,字凤木,一字玉巢,安徽建德人。后因屡试不第,于是纵游各地,"南浮湘汉"、"北走燕云"。年纪稍长曾来南京作客,所谓"玉巢诗老客江东"(汪恺《题家东湖叔来刻诗》)。正因为此,他与南京的一些诗人文士有所往来。他的诗集《玉巢诗草》,北京图书馆有收藏。卷首有吴骧、郑相如和吴敬梓的三篇序。吴敬梓的序作于雍正十二年(1734年)"重阳前三日",即移家南京一年半以后。从序中知道当时徐紫芝从四方倦游归来,"秋风襆被,匿影僧楼",寄居在南京的寺院中。吴敬梓曾在秋雨之夜,邀请他来秦淮水亭相互探讨徐紫芝的"新篇"直至深夜,还在"且同剪烛,仍命开樽",友情之笃,由此可见。

吴敬梓除了与流寓南京的朱卉、李葂、徐紫芝等文人有交往,还与南京本地的一些文人,诸如黄河、姚莹,画家王宓草、王溯

吴 敬 梓

山等有往来，在此不一一赘述。

吴敬梓移家南京这几年不但结识一批新交朋友，还与全椒的一些亲友保持着联系，如族兄吴檠、表兄金榘和旧友章晴川等人。

吴檠字青然，号岑华，别号半园。生于康熙三十五年（1696年），卒于乾隆十五年（1750年）。比敬梓年长五岁，是吴敬梓的族兄。乾隆乙丑（1745年）进士，官至刑部主事。著有《咫闻斋诗钞》《阳局词钞》《清耳珠谈》等。原为吴国龙之孙吴雷焕的次子，出嗣给叔父吴雱澍为子。在全椒，虽然吴敬梓有很多的族兄，但惟与吴檠相友善，他们经常在一起饮酒作乐。吴檠把自己与吴敬梓比作历史上的谢灵运和谢惠连。在吴敬梓三十初度的时候，吴檠写诗祝贺他时就是如此称谓的，"阿连今日开酒甀"。吴檠写吴敬梓的诗，今见的有《为敏轩三十初度作》《怀从弟客长干》等。吴檠的外曾孙金和写的《儒林外史跋》说："杜慎卿为青然先生。"

吴敬梓离开全椒之后，与吴檠仍保持联系。后吴檠曾来南京秦淮河畔租赁寓所小住。在一个重阳节，吴敬梓邀请吴檠一起登高，但吴檠因事未能赴约，故吴敬梓作《九日约同从兄青然登高不至》四首：

尽日凭阑有所思，夕阳不见野艇移。
窗前绿水纹如縠，一夜清霜减旧时。

绿橙手擘味清嘉，黄菊枝头渐著花。
独坐河亭人不到，一帘秋水读《南华》。

吾家才子推灵运，也向秦淮僦舍居。
故国茱萸从插遍，登高作赋已全虚。

寒烟幂历暗长桥，几点渔灯趁晚潮。
酤得邻加新酿美，半炉麸炭火亲烧。

除了这四首诗之外，吴敬梓还为吴檠作了词《贺新凉》（青然兄生日）、《百字令》（天宁寺僧舍见青然兄题壁诗），诗《酬青然兄》以及《贫女行》二首等，兄弟二人的关系非常亲密。

金榘（1684—1761），字其旋，号絜斋。是吴敬梓的从表兄兼连襟。从吴敬梓的长子吴烺为其《泰然斋集》所作的跋可以知道，金榘是吴烺的老师，金榘、吴檠和吴敬梓三个人关系甚密，"暇则相与剧谈古今，赋诗饮酒以为常"，金榘的为人也非常好，"有道而能文者矣"（吴烺《泰然斋集跋》）。雍正十一年，金榘五十岁生日的时候，吴敬梓作了词《千秋岁》以表示祝贺。

熟梅时候，帘外薰风透。梁燕乳，庭花瘦。堆盘烹白小，洗盏呼红友。千古事，文章尽为先生寿。　伯玉知非后，翁子穷经久。人渐老，愁依旧。弹琴看鬓影，泼墨盈怀袖。须念我，一春寂寞青溪口。

吴敬梓在词中对金榘仕途不顺，头发斑白却无所成就表示同情和慰藉，同时也表达了自己寓居南京的寂寥。

金榘的儿子金兆燕（1718—1789），号棕亭。不仅与吴烺结成儿女亲家，而且在扬州的时候，与晚年的吴敬梓朝夕相处，为吴

吴敬梓

敬梓料理后事。他还在吴敬梓去世之后首次为《儒林外史》刻板。根据金和的《儒林外史跋》，金榘及其仲弟金两铭为《儒林外史》中余大和余二先生的原型。

吴敬梓移家南京的这几年"论文乐友朋"（《春兴八首》之三）的生活，使他渐渐融入到南京文人社会中。也被南京文人、学者所接纳。正因为这样，他的"失计辞乡土"（《春兴八首》之三）的情绪才得以渐渐平复下来。

在南京的生活，吴敬梓有时心情也不错。他在《洞仙歌》（题朱草衣《白门偕隐图》）中说：

> 山围故国，正桃源红绽，恰向幽人画图看。羡双仙、一种游戏情怀，多少事，付与空江断岸。　被纨绔美酒，琴韵箫声，眉宇何须露精悍。燕子语呢喃，抱瓮而归，乌衣巷，夕阳零乱。我亦有、闲庭两三间，在笛步青溪，板桥西畔。

3. 登临怀古

环境改变之后，吴敬梓又在南京结识了一些友人，这让他感受到了一些新的社会思潮和学术风气。在与人交往的闲暇之时，他也曾游历南京的山山水水，心情也渐渐好起来。在《春兴八首》里吴敬梓这样说：

> 移居星岁易，为爱白门山。
> 笛步连花港，兰舟系柳湾。

窥檐宾雀去，绕树暮鸦还。
　　长昼茶铛沸，耽吟亦解颜。

　　除了游览南京的美景之外，吴敬梓还游览了一些名胜古迹，如永庆寺。他在游览之余，写有《永庆寺》：

　　桃花红映上方时，蜡屐登临有所思。
　　昔日主家罗绮盛，只今佛地绣幡垂。
　　拓提夜雨寒茶灶，店舍春烟扬酒旗。
　　尽日小楼贪习静，浮屠倒影壁间移。

　　除了永庆寺之外，周处台也是吴敬梓经常游玩的地方，他曾经和王溯山游周处台，故有诗《登周处台同王溯山作》：

　　高台多春风，旭日用彼岨。
　　揽袂试登临，怀古遥踟蹰。
　　昔者周孝侯，奋身三恶除。
　　家本鬐画溪，折节此读书。
　　古今同一辙，与君皆侨居。
　　工愁吴季重，深情王伯舆。
　　抗志慕贤达，悠悠千载余。

　　移家南京之后，吴敬梓过上了几天轻松的日子，但开始的时候南京对吴敬梓而言还是陌生的。毕竟"胡马依北风，越鸟巢南枝"（《古诗十九首》《行行重行行》），无论怎样，吴敬梓还是时

不时地怀念起自己的家乡，这样的心情也一度让他非常苦闷。他在《风雨渡扬子江》中这样表述过：

> 几日秣陵住，扁舟东复东。
> 浓云千树合，骤雨一江空。
> 往事随流水，吾生类转蓬。
> 相逢湖海客，乡语尽难通。

刚移家南京的时候，一切都不太习惯，"相逢湖海客，乡语尽难通"，遇见的尽是外乡人，也说不通自己熟悉的家乡话。随着时间的流逝，吴敬梓开始慢慢熟悉南京，在留恋秦淮绮丽的风光的时候，也时不时地想起自己家乡的景色。移家南京之后，吴敬梓曾填了一首《琐窗寒》（忆山居）：

> 薜荔墙边，藤萝石上，自然潇洒。长松百尺，绝似虬龙高挂。叹三年柴扉未开，蛛丝网遍茅檐罅。只晚驱黄犊，霜枫红映，夕阳西下。　寒夜。从容话。枉眷恋秦淮，水亭月榭。撇却家山，紫翠丹青如画。想泼醅春酒正浓，绿杨村店鸡豚社。几多时，北叟南邻，定盼余归也。

在南京的日子有喜悦亦有忧伤，一方面陶醉于南京的优美山水、历史古迹，另一方面又割舍不下故乡的淳朴民风、平静生活。已过而立之年的吴敬梓在这样矛盾的日子里，忧虑的依然是自己一事无成，未报先人之恩。雍正十二年（1734年），也就是吴敬梓

移家南京第二年的除夕,作了一首《乳燕飞》(甲寅除夕),来抒发自己的情怀。

> 令节穷愁里。念先人、生儿不孝,他乡留滞。风雪打窗寒彻骨,冰结秦淮之水。自昨岁移居住此。三十诸生成底用,赚虚名、浪说攻经史。捧卮酒,泪痕渍。
>
> 家声科第从来美。叹颠狂、齐竽难合,胡琴空碎。数亩田园生计好,又把膏腴轻弃。应愧煞彀贻孙子。倘博将来椎牛祭,总难酬周极深恩矣。也略解,此时耻。

移家南京后,吴敬梓在经济上依然拮据,情况不容乐观。适逢佳节之日,吴敬梓回想自己空有才学,徒有诗名,却一事无成,不能得到社会的认可。想起这些,热泪盈眶。"家声科第从来美",先祖以科第传家,而自己却科举蹭蹬,变卖家产,有没有什么遗留给自己的子孙。愧对先人,亦愧对子孙。

也许是环境的改变,也许是心情的改变,移家南京之后,吴敬梓读书写文章的念头越来越强烈。之前的叙述中说吴敬梓是个从小就喜欢诗词歌赋的人,之前就偏爱"绮障语","爱吟弄",到了南京之后,更愿意用诗词的形式来抒发一己之怀,或表达自己怀才不遇的愤慨。方嶟说他的诗赋"力追汉唐"(方嶟《文木山房集序》);黄河则称赞他的诗歌"如出水芙蕖,娟秀欲滴",说他的词作"婉而多风"(黄河《文木山房集序》);沈宗淳更赞赏他的骈体文,"夙擅文雄,尤工骈体"(沈宗淳《文木山房集序》)。现在可以见到他的骈文有两篇,都是吴敬梓三十四岁这一年写的。一篇是为友人徐紫芝《玉巢诗草》写的序,另一篇则是

吴敬梓

为另一友人汤懋坤《石臞诗集》写的序。

这两篇序言，都是以骈文的形式写就，巧用典故，对仗工整。吴敬梓的文章最好的当属前文无数次提起的《移家赋》。大约在吴敬梓移家南京一年后，随着环境的改变，时间的流逝，吴敬梓在家乡储积的激愤之情渐渐趋于平淡，他的心情也渐渐平静下来。回顾往事，思绪万千，故写就了三千多字的《移家赋》。在这篇赋中，吴敬梓总结了自己的家世，三十年来自己的遭遇，移家的原因和自己思想的变化。是我们了解、研究吴敬梓家世、生平、思想发展的重要材料，作为一篇赋，也显示了作者写赋方面的才华，关于这篇文章，将在吴敬梓的诗文里有详细的介绍。

这一阶段在南京吴敬梓结识了不少的思想家、科学家、文学家、画家等，通过和这些人的接触，吴敬梓开拓了眼界，也为自己小说《儒林外史》的创作打下了基础。另外，在怀念家乡、游览山水的同时，也丰富自己诗词歌赋的创作。

自雍正十一年（1733年）吴敬梓移家南京，应该说在南京的生活让吴敬梓在家乡时的激愤心情渐渐趋于平静，虽然在故乡吴敬梓遭遇了族人及乡里的冷遇，但毕竟是自己出生和成长的地方，尤其是年终岁初不能为自己的双亲祭奠、打扫，这让吴敬梓感到十分的不安和悔恨。大约雍正十三年（1735年）春天的时候，三十五岁的吴敬梓从滁州回到了自己的故乡全椒。回到怀念已久的故乡，对比之下，还是觉得寓居南京的日子比较好，所以，在全椒一个月左右的时间，吴敬梓又匆匆回到了南京。回去的路上再一次路过滁州，他写了一首《滁州旅思》。

晓望诸峰翠色新，雨余芳草碧如茵。

春光已过湔裙节，胜地浑无蜡屐人。
　　旅病那堪花入梦，暮寒不厌酒沾唇。
　　遥思二月秦淮柳，蘸露拖烟委曲尘。

　　在这首诗里吴敬梓想象了二月秦淮的柳色，也流露出淡淡的愁思。这种愁思在回到南京之后依然没有消失。回过故乡之后，吴敬梓对故乡的怀念慢慢淡去，但随着年龄的增加，他越来越急于找到自己人生中的出路。在南京百无聊赖的日子就这样持续着，他的生活也寂寥、闲适，虽然生活上没有什么大的坎坷，但他的身体却越来越不好。大约在吴敬梓三十五岁的时候，早年患的消渴症又一次发作了。在病中，吴敬梓作了一首诗《秋病》。

　　女兰香细掩窗纱，白袷单衣病里加。
　　一缕药烟当水槛，寒蝉声断夕阳斜。

　　好友朱卉前来探望，同作了一首。

　　月影初临树影加，茶烟将断篆烟斜。
　　闲凭曲录阑干立，一架秋风扁豆花。

　　吴敬梓之后又作了三首：

　　素领应随秋气深，却缘消渴罢弹琴。
　　美人一赋堪千古，何用《子虚》与《上林》。

吴敬梓

当风怕看来宾雁，苦雨愁闻逐妇鸠。
不是邻家遗潘沐，那能临镜强梳头。

屯贱谁怜虞仲翔，那堪多病卧匡床。
黄金市骏年来贵，换骨都无海上方。

在诗中，吴敬梓不仅叙述了自己日渐加重的病情，而且还抒发了自己益发苦闷的心绪。把自己比喻成虞仲翔，来说明自己遭遇的坎坷。诗中流露的是贫病交加，有志难伸的悲苦。

4. 扬州之行

雍正十三年（1735年），吴敬梓的病情略有好转的时候，他以南京为中心，开始了扬州、真州之行。扬州位于长江下游北岸，距离南京约二百里。中有运河贯通南北，经济繁荣，文化繁盛。清朝时康熙、乾隆下江南，屡屡到此。王渔洋、卢雅雨曾在扬州主盟诗坛，盛极一时。绘画方面亦有"扬州八怪"。吴敬梓之前对扬州一直一往情深，沈大成《全椒吴征君诗集序》中说："故征君全椒敏轩先生，自其乡移家白下，出游江淮间，留扬最久。"程晋芳《文木先生传》中亦说："（吴敬梓）辄诵樊川'人生只合扬州死'之句，而竟如所言。"从现在可考的材料可见，吴敬梓扬州之行的次数最多。

吴敬梓此次的扬州之行，在傍晚的时候，路过真州，写下了《望真州》。

波光骀荡绿杨湾，渔市人家晒网还。

日暮危樯依曲港，寒云遮断小帆山。

　　吴敬梓在这首绝句里描写了此行所见的景色，多少也透露了自己的心境。真州为扬州府所管辖，吴敬梓扬州之行多经过此地。在《访杨东木敷五》中可以知道，吴敬梓的船停泊在真州之后，朋友杨东木"施榻待"，于是他们连床酤酒，长夜下棋，避免了在船里自己面对风雪的孤寂。

　　虽然得到了故人的热情款待，但是吴敬梓的心情依然十分低沉。从创作的诗《不寐》中就可以知道。

　　客中眠未稳，漏鼓听愈真。月落鸟辞树，灯昏鼠近人。
　　酒痕淹病肺，诗卷伴闲身。侧耳棋枰响，因思王积薪。

　　越是睡不着，漏鼓的声音越是听得真切，想想自己还在生病的身体，凄苦的境遇，岂有不悲之理？吴敬梓听着棋声，也想起了自己的棋友。

　　吴敬梓此次的扬州之行正值秋冬季节，万物萧条的时候，诗人的心情也不太好。另外，他想要造访的几位朋友都没有见着，这使吴敬梓益发不开心。在扬州吴敬梓本有游览欧阳修所建的平山堂的计划，但是也因为风雪交加而未能如愿。故吴敬梓有诗《将往平山堂风雪不果二首》：

　　平山堂畔白云平，文藻偏能系客情。
　　不似迷楼罗绮尽，只今惟有暮鸦声。

空怀迁客擅才华，不见雕阑共绛纱。

却忆故山风雪里，摧残手植老梅花。

第一首诗用对比的手法突出平山堂之所以"偏能系客情"，主要在于欧阳修的"文藻"。第二首诗由平山堂的"绛纱"回想起自己的故乡的"梅花"。用梅花之遭摧残来比喻欧阳修之遭贬谪，而自己现今艰危的境况也如同欧阳修之遭迁谪，怜欧阳修亦是自怜。

扬州虽好，也不是久留之地，在扬州的日子，吴敬梓最思念的就是自己的妻儿。此次的扬州之行没有逗留多久，吴敬梓就冒着风雪回到了秦淮水亭。

（五）博学鸿词

回到南京之后，吴敬梓遭遇了影响他后几十年人生的一件大事，就是博学鸿词考试。

所谓博学鸿词科，是封建时期朝廷临时设立的一种考试科目，目的在于选拔博学卓越的人才。南宋高宗三年（1133年）已有，原名为博学宏词科。乾隆时期，因为"宏"字与"弘历"之"弘"声音相近，遂改成博学鸿词科。清朝的统治者原准备举行三次博学鸿词科考试，但最后一次因为德宗的死而未能实现。实际上，只有在康熙十八年（1679年）和乾隆元年（1736年）举行了两次。与吴敬梓有关的就是后面这一次。

乾隆元年的这一次考试，其发端是雍正十一年（1733年），这一年的八月雍正在上谕中说："惟博学鸿词之科，所以待卓越淹通之士，俾之黻黻皇猷，润色鸿业，膺著作之盛，备顾问之选。"各地的大臣均认为这件事情关系重大，大多数的人抱着观望的态

度。报上的人只有寥寥几个，反应并没有想象中的那么强烈。雍正为此十分不悦，在永贞十三年（1735年）二月，再次颁发谕旨，严格命令内外大臣"再行遴选"，八月的时候，因为雍正驾崩，故这次的博学鸿词科考试不得不搁置下来。直到乾隆即位，于十一月再次颁发谕旨，才有了丙辰（1736年）这一年的的考试。

吴敬梓自从雍正十一年（1733年）三十三岁来到南京，到参加博学鸿词科的考试已经有三年的时间，在这三年的时间里，吴敬梓除了结识了上文中提到的一些科学家、思想家、文学家等，也结识了一些当地的官员。当时与吴敬梓往来的官员有雍正时江宁府知府卢见曾、江宁府属江宁县县学训导唐时琳，以及乾隆时江宁府属上元县学教谕吴培源等。在这些官员当中，最应该提及的是唐时琳。从雍正八年（1730年）起唐时琳开始出任江宁县学训导，到雍正十一年（1733年）已有三年之久，在朝廷严令催督之下，他将吴敬梓推荐给安徽督学郑江。郑江字玑尺，号筠谷，浙江钱塘人。康熙五十七年（1718年）进士，雍正十三年（1735年）任山东乡试主考，之后任安徽提督学院。郑江之所以大力推荐吴敬梓的原因是他和吴敬梓都是饱学之士，自然对吴敬梓的事情非常上心。郑江本身好写诗，而吴敬梓来到南京之后与一些文人经常接触，诗名在外，郑江自然有所耳闻。另一方面郑江对《诗经》也颇有研究，著有《诗经集诂》，而后来吴敬梓也著有《诗说》，两个人有共同的兴趣，也是郑江推荐他的一个原因，当然了，吴敬梓还是探花吴国对的曾孙，这些加起来，郑江退居吴敬梓也就在情理之中了。

郑江把吴敬梓转荐到安徽巡抚赵国麟处，准备正式荐举他去参加博学鸿词科试。其实吴敬梓参加这次考试内心是十分矛盾的。

吴敬梓

早年吴敬梓就以科第世家为荣，从小就被教导怎样做文章，这些无非是想通过科举考试延承吴氏一门的荣耀。吴敬梓顺着前辈的路子开始了科举考试，可是自从十八岁考取了秀才之后，几次乡试都让吴敬梓失败而归。二十九岁的科考还不惜"匍匐乞收"，可结果还是失败。连连遭受打击，让吴敬梓对科举考试渐渐失去了信心。另外，因为受到了草窗翁、朱卉等有隐逸之风的人的影响，吴敬梓的思想也在慢慢发生变化，这种矛盾心理一直在斗争。但是即便有这样的经历和影响，要吴敬梓放弃却并不容易，他在《乳燕飞》等很多作品中流露出自己不能继承父亲、祖父等人的遗志，有负先人的教导而痛心不已。功成名就毕竟是诱人的，如果这次博学鸿词科考试成功的话，他就可以在先祖的灵位面前抬起头来，另一方面，也可以给那些曾经冷遇、鄙视他的族人和乡人一个回击，自己的处境也会改变。大概抱着这样的心情，吴敬梓参加了博学鸿词科地方一级的考试。

吴敬梓最先参加的是在南京江督学郑江所主持的学院考试。这次学院考试的诗题为《赋得敦俗劝农桑》，赋题为《继明照四方赋》。郑江督学南京后，就已闻知吴敬梓之名，所以此次考试顺利通过。接着吴敬梓就要去安庆参加安徽抚院赵国麟主持的考试。

乾隆元年（1736年）的仲春，距离去年冬天从扬州回来不到两个月的时间，吴敬梓踏上了去安庆之路。从南京到安庆，吴敬梓乘船溯大江而上，刚刚离别了送行的好友，在心事重重的情况下，写下了了词《踏莎行》：

> 鹿韭香浓，雀瓢香细，何人庭院春初霁。还家两月不曾过，又从江上招舟子。　　挑荠篱根，焙茶窗际，

一般也有幽闲事。独怜涉险总无端,橹声轧轧波声里。

博学鸿词科在南京的考试,吴敬梓虽然顺利通过,可如今要远赴安庆参加考试他就有些不太情愿,毕竟不知道前景怎样,在"橹声轧轧"中,独怜自己"涉险总无端",患得患失的吴敬梓继续着自己的行程。

往安庆的途中经过码头采石,采石原名牛渚矶,位于马鞍山市西南的翠螺山麓,半山腰的地方是伟大诗人李白的衣冠冢。吴敬梓走到这里,想到了李白的生平事迹,感慨万千,写下了《惜黄花》(采石)。

江花红溅,浪花绿涨。过危矶,忆当年谪仙情况。燕子掠波回,鱼妾随潮长。但系着、几行横网。　骑鲸凄怆,钓鳌疏放。古之人,古之人、只今安往?带月卧孤篷,酾酒催三桨。也博得、十分酣畅。

此时的吴敬梓既没有"仰天大笑出门去"的乐观,也不可能有"骑鲸""钓鳌"的豪情,此时的他"带月卧孤篷",虽然表面上显得很平静,但内心还是很矛盾的,一方面羡慕李白的洒脱,另一方面为自己还摆脱不了功名的束缚而郁闷。

心情矛盾的吴敬梓,一路往安庆而去。船过芜湖的时候,念及自己的好友朱卉,故而来到了朱卉的故居,看着破败,长满苔藓的屋子,吴敬梓不禁黯然神伤,写下了《燕山亭》(芜湖雨夜过朱草衣旧宅)。

吴敬梓

　　川后停波，屏翳送寒，摇荡澄江青雾。桥外数椽，藓蚀苔殷，映带柳塘花坞。燕子归来，知认否、当年谁主？无语。衔落蕊迎风，缭垣低度。　　怊怅孤客凄清，听瑟瑟萧萧，夜窗声苦。梁市阮厨，独擫香销，知他故人何处？他日相逢，难说尽、别离情绪。思汝。同听者，半宵春雨。

　　春寒料峭，夜深人静，看着残垣，勾起了吴敬梓对好友的思念，想着不在芜湖，亦不在南京，漂泊无定所的朱卉，此时自己不也是"怊怅孤客凄清"吗？

　　船越是渐行渐远，吴敬梓的内心越是矛盾不已。除了思念好友朱卉，此时的吴敬梓又想起了另外一个朋友——王溯山，从他的词《青玉案》（途次怀王溯山）中可以知道。

　　梨花寒食春将半，记分袂、溪桥畔。别后顿教春又晚。长堤杨柳，芳洲芝若，绿遍江南岸。　　应劳鬓叟将余盼，几月游踪似天远。遥忆瑟居情兴懒。一帘烟雨，半炉香雾，坐听流莺啭。

　　在词中，吴敬梓回想起自己这次考试启程之时，好友王溯山一直送到溪桥畔，"别后顿教春又晚"，分别之后顿觉旅途漫长。在吴敬梓的心里，王溯山是懒入名场的"隐仙人"，他隐居在南京钟山读书、画画、采药、垂钓。吴敬梓这次安庆之行本是要去参加考试，而此时却在词中提到这样一位朋友，还想象这位朋友希望他早点归来，从这可以看出吴敬梓心中仕与隐之间的矛盾。

这一年的春天，吴敬梓终于到了安庆，闻知好友李啸村在安庆，即赴园亭与之畅饮。在词《庆清朝》（李啸村留饮园亭）中吴敬梓写了两个好友相见甚欢，共同回忆起之前两个人在一起时的美好情景，还一起怀念他们共同的朋友，"多少暮云春树，叹别离踪迹，说也凄然"。在赴试的途中，吴敬梓回想或会面了三个性格迥异的好友，朱草衣飘零凄苦，王溯山陶情世外，李啸村怀才豁达，这三个人都在不同程度地影响着吴敬梓，让吴敬梓内心更加地徘徊不定。

与李啸村畅饮之后，吴敬梓去了抚院报道，很快就参加了抚院的考试。这次考试诗歌的题目为《赋得云近蓬莱常五色》，赋的题目为《正声感人赋》。为了能够顺利通过考试，吴敬梓依然写了一些歌功颂德的文字。在院试的过程中，安徽巡抚赵国麟对吴敬梓还是很器重的，吴敬梓也十分感谢赵国麟的知遇之恩。既然顺利通过了院试，吴敬梓没有在安庆待很久，很快就返回南京。

在返回的途中，吴敬梓路过九华山，见景抒情，写下了《桂枝香》（望九华）。

飒飒乍落。见黛色粘天，九峰堪削。铺岸鱼衣如绣，水荭参错。帆回柁转斜阳里，又依然江天寥廓。嵌空石厂，诛茅畦町，簌义挽桷。　念客里风光不恶。又斗茶时候，红莎绿蒻。何日丹炉锻灶，结庐林薄？终南太华都休问，只思寻深洞岩壑。几行沙鸟，几双社燕，几声风鹤。

九华山是我国佛教的四大名山之一。明清时期，寺庙耸立，

僧尼多达四、五千人,在今安徽青阳县西南,山有九峰,原名九子山。当年李白游历九华山的时候,见九峰如莲花,遂改名九华。时值初夏,吴敬梓在船中,远眺九峰,"黛色粘天",风景如画。不禁让他想到如果自己结庐在此,与自由翱翔的沙鸟、社燕、风鹤为伴,就像道家或魏晋名士那样"丹炉锻灶",不仅不再留恋笙歌飘荡的十里秦淮,甚至连靠近帝都的"终南太华"都不要问了。这样的生活岂不惬意?吴敬梓在通过抚院的考试之后矛盾心理更为明显。

在安庆往南京的第一大码头池州,吴敬梓遇到了几个好朋友。故作《虞美人》(贵池客舍晤管绍姬、周怀臣、汪荆门、姚川怀)。

几年同作金陵客,古渡寻桃叶。今年做客在池州,买得鲥鱼沽酒共勾留。 丝丝梅雨维初夏,煮茗消闲话。端阳节近旅愁牵,孤负秦淮箫鼓拥灯船。

在丝丝梅雨、端阳节近的时候,吴敬梓弃船登岸,与四位同作"金陵客"的好朋友相见。周怀臣就是前文提到的周榘的父亲周荣光。吴敬梓在南京与其父子有一起听笙的美好经历。程晋芳在《文木先生传》中载:"或冬日苦寒,无酒食,邀同好友汪京门、樊圣□(应为谟)辈五六人,乘月出城南门,绕城堞行数十里,歌吟啸呼,想与应和,逮明,入水西门,各大笑散去,夜夜如是,谓之'暖足'。"这里的汪京门就是词题中提到的汪荆门。大家聚在一起,大有他乡遇故知之感。他们共同不能忘怀的依然是在南京"秦淮箫鼓拥灯船"的日子,吴敬梓和好友一样,对于

科举又产生了抵触的心理。

和好友在池州稽留了几天之后,吴敬梓继续往南京走,在途中船又泊在了芜湖江边的识舟亭,故他创作了一首《减字木兰花》(识舟亭阻风,喜遇朱乃吾、王道士昆霞)。

卸帆窗下,一带江城浑似画。羽客凭阑,指点行舟杳霭间。　　故人白首,解赠青铜沽浊酒。话别匆匆,万里连樯返照红。

识舟亭,取南齐谢朓诗句"天际识归舟,云中辨江树"(《之宣城郡出新林浦向板桥》)之意,俗名八角楼亭,是观看江景的最佳地点。吴敬梓在《儒林外史》第三十三也讲了这件事。杜少卿考试之后从安庆东下,被风阻在芜湖,喜遇来霞士和韦四太爷,遂一起在识舟亭饮酒。由于杜少卿没有带足盘缠,韦四太爷付了酒资,还赠送了一些盘缠,即是词中讲的"赠青铜沽浊酒"。

从芜湖出发,很快吴敬梓就回到了自己朝思暮想的秦淮水亭。出发的时候是春天,而回家时已近端午。得知吴敬梓回来,很多朋友都来看望,故吴敬梓把此次旅途的情况以及自己的感受写在了《西子妆》里。

蒲剑方交,荷钱乍极,波眼安榴花吐。画梁玄乙恰归来,向湘帘,傍人矜舞。新诗漫与。且邀得,狂朋怪侣。坐绿阴,听蜕蝉声断,迎凉庭宇。　　羁栖误,三月春光,抛掷如尘土。一帆江上趁潮平,爱河干,午风清暑。旌门幕府,有多少感恩知遇。洗征衫,几阵渥枝

吴敬梓

骤雨。

　　看着火红的石榴,坐在绿荫下听着蝉鸣,此时回顾自己此次的考试之行,吴敬梓心情颇为复杂。在词中,吴敬梓一方面表达了对赵国麟眷顾的感恩之心;另一方面觉得耽误了大好时光,有些懊恼,"羁栖误,三月春光,抛掷如尘土"。

　　前两次的考试吴敬梓都顺利通过,但是在南京由两江总督赵弘恩主持的督院考试中,吴敬梓只作了一首试帖诗《赋得秘殿崔嵬拂彩霓》,并没有终场就匆匆离开,因此也就失去了进京参加博学鸿词殿试的机会。

　　吴敬梓没有完成考试的原因是多方面的。从上面引吴敬梓的作品中可以知道,对于这次考试,吴敬梓一直都处在一种矛盾的状态里,又想考取,又想放弃,这是其中的一个原因。还有可能这次参加抚试的安庆之行让吴敬梓感到身心疲惫,旅途劳累,让原本就不健康的身体愈发不好。这些原因综合起来导致了吴敬梓未能完成最后一级的地方考试。

　　因为吴敬梓没能完成考试,所以再一次失去了入仕的机会,这让他一时间非常沮丧。知道如此,之前的两次考试就莫不如不参加。他在《题王溯山左茅右蒋图》一诗中就曾说:

　　　　几年卜筑板桥住,秦淮水色钟山树。
　　　　木兰舟内急觞飞,杨柳楼边歌板度。
　　　　著书仰屋差自娱,无端拟献金门赋。
　　　　授简曾传幕府招,蜡言栀貌还枝梧。
　　　　秋风襆被返白门,窗外寒潮退旧痕。

咄嗟独凭阑干立，长者叩户笑言温。

　　手持绝妙倪迂画，画出逍遥庄叟园。

　　吴敬梓没有完成考试，心情非常不好，"咄嗟独凭阑干立"，正当此时，"长者叩户笑言温"，王溯山来访，拿来了一幅倪迂的画，倪迂本就是一位隐逸画家，而这幅画又有庄子一样逍遥的神韵。王溯山的劝慰让吴敬梓的心情有所好转，"春秋佳日快登临，高怀那许尘容扰"，他一度追求功名之心也开始慢慢地平静下来。

　　王溯山在吴敬梓未终考试之后，除了给予精神上的安慰之外，还给吴敬梓提供了经济上的帮助。在《雪夜怀王溯山山居二十韵》里有"言归在何处，乞我辟寒金"。他们的关系越来越好，到后来已经到了"十日不相见，相思契转深"的地步。这一年南京的冬天特别寒冷，加之没能继续博学鸿词科的考试，吴敬梓经济越来越不好，除夕之时家里也是揭不开锅。在《丙辰除夕述怀》里说，当别人家美酒浮碧，斩鸡祈福的时候，吴敬梓家却"北风吹窗隙"，"莱妻只赢瘠"，幸好王溯山送来了米，一家人才免于饥饿之苦。当此情景，吴敬梓"回想一年事，棱棱为行役"。自己为参加博学鸿词科的地方考试东奔西走，怎么能因为小病就连遭困厄？到如今"人生不得意，万事皆愬愬"。这一阶段，除了王溯山给予支持之外，其他的好朋友对他也有帮助。

　　新年总算过了，转眼又到了元宵节，吴敬梓写下了《元夕雪》一诗：

　　元夕三更后，雪花飞满天。

　　全无明月影，空有夜灯悬。

词赋梁园客，肌肤姑射仙。
何人金殿侧，簪笔祝丰年。

在雪花纷飞的深夜，吴敬梓回想起去年的考试，还沉浸在懊恼之中。但想象富有才华的士子和仙人此时的情景，羡慕之情油然而生。

失去博学鸿词科殿试的机会，对吴敬梓来说打击实在太大。冬去春来，吴敬梓懊悔的心情还在，写于乾隆二年（1737年）的《闲情》四首中，吴敬梓还是或多或少流露出失去功名的痛苦。这组诗的第二首和第四首分别是：

咫尺仙源缘分乖，莫愁真合住秦淮。
因贪媚蝶收奁粉，为爱游蜂集鬓钗。
飞絮落花三月暮，锦繻甲帐片时偕。
朱樱树下重携手，看足明金厌绣鞵。

香熏透骨有谁知，谪向尘凡冰雪姿。
昼永春残人乍别，态浓意远泪偷垂。
曾闻名士多寥落，何事佳人亦侘离？
安得与卿登玉版，大罗天上看书碑。

吴敬梓在诗歌中为自己失去入仕的机会而怨恨嗟叹，毕竟他从小就受到传统教育，一门心思想通过科举让吴氏再度辉煌。即使遭遇怎样的打击，一时要他放弃这样的念头还是很困难的。但是随着时间的流逝，自己经历的种种，让吴敬梓的思想开始慢慢

地觉醒，开始慢慢认识到科举对封建社会知识分子的戕害。尤其是后来得知博学鸿词科的真实面目的时候，吴敬梓懊悔的情绪才开始慢慢平复下来。

其实此次博学鸿词科的考试主要为了粉饰太平，与上一次的考试意义完全不同。乾隆元年（1736年）九月，各地被推荐进京应试的一共有二百六十七人，可录取的结果是一等五人，二等十人，连同次年补试的一共录取了十九人。当年康熙时的博学鸿词科考试参加殿试的有一百九十多人，录取五十人。对比之下，就知道乾隆元年的这次考试的欺骗性。这次考试连同一些颇有成就和声望的名流学者如沈德潜、厉鹗、刘大櫆等都在黜落之内。

吴敬梓的很多亲友也参加了考试，其结果也惨遭淘汰。吴敬梓的朋友程廷祚被举荐之后到了京城，当时的吏部尚书张廷玉为了拉拢人，要招程廷祚入其门下，因为程廷祚拒绝而被放归。吴敬梓的族兄吴檠也曾被荐举参加这次鸿博的考试，虽然他有机会参加了殿试，可还是以失败而告终。吴檠的好友刘大櫆在《吴青然诗集序》中说："独忆青然与余同被征召于京师相识也，既而同罹放黜，相怜因相善也。"（《刘海峰文集》卷四）这件事给吴檠的打击也颇深，一度也憔悴迷惘。吴敬梓与吴檠的关系很好，得知吴檠落地而归之后，写了一首《酬青然兄》来安慰他。

　　鸣鸠飞戾天，诗人独长叹。
　　明发念先人，不寐涕汍澜。
　　况当明圣代，敢忘振羽翰？
　　兄昔膺荐牍，驱车赴长安。
　　待诏三殿下，簪笔五云端。

> 月领少府钱，朝赐大官餐。
> 卿士交口言，屈宋堪衔官！
> 如何不上第，蕉萃归江干。
> 酌酒呼弟语，却聘尔良难！
> 淮南旧业荒，江左春色阑。
> 酒人复延访，词客且盘桓。
> 歌场酹大斗，狂呼颜渥丹。
> 忽焉独书空，中心信鲜欢。
> 行道会有时，岂能终涧槃？
> 兄其崇明德，无为摧肺肝。

从诗歌里可以知道，吴檠也是踌躇满志地去京城，众人也都看好他，称赞他的才华不让屈原、宋玉。但是考试的结果却是失败了，这对吴檠来说是接受不了的，"歌场酹大斗，狂呼颜渥丹"。吴敬梓在诗中一方面宽慰自己的族兄，一方面也为自己因病没能参加考试而庆幸。在《贫女行》中吴敬梓这样写道：

> 蓬鬓荆钗黯自羞，嘉时曾以礼相求。
> 自缘薄命辞征币，那敢逢人怨蹇修？
> 阿姊居然贾佩兰，踏歌连臂曲初残。
> 归来细说深宫事，村女如何敢正看！

诗中吴敬梓以贫女自拟。蓬头垢面，荆条为钗的贫女在她花季的时候，也有人重金来聘，只是自己命薄，没有福气而已。也是用这件事来说自己因为身体不好，未能参加殿试的事情。又把

吴檠比喻为贾佩兰，虽然幸运地参加了考试，但最后也落败回归。总之，吴檠参加殿试最后落地的经历让吴敬梓认清了这次博学鸿词考试，之前懊悔的情绪也开始慢慢缓解。而后来的事情，让吴敬梓对博学鸿词考试有了更加清醒的认识。被安徽巡抚赵国麟所推荐的宁国李岑淼，是当时与吴敬梓一起被举荐的，在赴京参加考试之前，李岑淼已经抱恙在身，但是还是"扶病"参加了廷试。吴敬梓"以病辞"，而李岑淼却坚持下来，考试完毕之后李岑淼就一病不起，最后病死京师。吴敬梓为此写了一首《伤李秀才》，一方面对李岑淼的去世深表痛心，另一方面也流露出"塞翁失马，焉知非福"之感。

扶病驱驰京辇游，依然名未上瀛洲。
报罗不是人间使，天上应难赋玉楼。

吴敬梓因亲身经历，再看到身边的一幕幕悲剧，彻底驱散了自己未参加考试，失去入仕机会的悔恨和懊恼。在《酬青然兄》中他说"却聘尔良难"，辞却征聘是难能可贵的，这是吴敬梓在参加博学鸿词科考试以来第一次这样说。这样的经历和教训，让吴敬梓再一次对科举考试产生质疑，甚至开始慢慢认清科举考试的黑暗内幕，在《美女篇》中，吴敬梓这样说：

夷光与修明，艳色天下殊。一朝入吴宫，权与人主俱。
不妒比《螽斯》，妙选聘名姝。红楼富家女，芳年春华敷。
头上何所有？木难间珊瑚。身上何所有？金缕绣罗襦。
佩间何所有？环珥皆瑶瑜。足下何所有？龙缟覆氍毹。

歌舞君不顾，低头独长吁。遂疑入宫嫉，毋乃此言诬。
何若汉皋女，丽服佩两珠。独赠郑交甫，奇缘千载无。

在诗歌中，"红楼富家女"像西施、修明那样精心妆扮自己，在帝王面前展示自己的才华，希望得到皇帝的宠幸，可是结果呢？"歌舞君不顾，低头独长吁"。吴敬梓摒弃掉了这种价值取向，他要像自由解佩的汉皋女那样，自由自在，不受拘束。

吴敬梓后来从这些落地的士子中得知，这次博学鸿词科的考试其实就是一次欺骗天下，尤其欺骗士子的事情。乾隆倡导这次考试的主要目的是为了粉饰太平，而两位主持此次廷试的张廷玉和鄂尔泰则借这次考试的机会，结党营私，扩大自己的势力。这样的现实，让吴敬梓彻底地觉醒了。虽然后来也有几次想继续科举的念头，但是通过上面的几首诗歌来看，吴敬梓已经决定要保持一定的人格独立和精神自由，这时的吴敬梓大概已经有了写作《儒林外史》的想法了。

博学鸿词科考试的参与放弃让吴敬梓身心疲惫，在稍事休息之后，吴敬梓再一次萌发了出游的念头。乾隆元年（1736年），吴敬梓再一次离开南京，前往真州（今江苏仪征）。此次的真州之行，吴敬梓在《高阳台》一词的序中这样说："真州客舍晤团冠霞，以江宾古手书并新词见示，倚声奉答。"这首词里提到的"真州老友"就是团昇。团昇字冠霞，号鹤峧，是当时的"真州四子"之一，能文善诗，书法极佳，诗文集有《画山楼集》《假年日录》等，郑板桥还有《题团冠霞画山楼》诗。团冠霞与出资刻印《文木山房集》的方嶟等四十人相唱和，故有《真州唱和集》。这次团冠霞把扬州著名学者江昱的书信和最新填的词交给吴敬梓，吴敬

梓随即填了这首《高阳台》。

> 柘月初亏，盲风渐紧，扁舟又别江城。雀室潜听，蒲帆趱就秋声。关情只有辞巢燕，怕看他鸠化为鹰。怪兼旬、为踏槐黄，误了鸥盟。　　真州老友重相访，示怀中一纸，彩笔纵横。夜掩禅关，剪灯细读，凄清。假饶乐句常连袂，也何须鼓瑟吹笙。尽沉思，爇尽熏炉，沸尽茶铛。

词中说吴敬梓去年的真州之行和老友已经约定好了会晤的日期，因为自己参加博学鸿词科的考试为未能践约，感到十分的愧疚。此次的真州之行，吴敬梓还游赏了镜芗亭。作有《踏莎行》（镜芗亭）。在镜芗亭，吴敬梓借景生情，想起了宋末的元使郝经，当年他被拘禁在真州长达十五年之久。在拘禁期间，郝经曾系帛于雁足，希望天子能够知道他的情况。吴敬梓在他的词中说，没有亲身经历的人是无法体会他们的悲伤的，而今自己也被委弃于此，颇有同病相怜之慨。

吴敬梓此次的真州之行主要目的是践约老友之约，而今已经见到了朋友，没逗留几日，吴敬梓就返回了南京。乾隆二年（1737年）春，吴敬梓回故乡全椒探望，写有《全椒道上口占六首》，这次故乡之行，吴敬梓还是比较愉悦的，看到的都是故乡的太平景象。"乌犍稳卧闭柴门，千树桃花又一村"，"年来料得多丰稔，墙角先看荠菜生"，字里行间里流露出对故乡农村风物的喜爱。在故乡待了一个月之后，"因过春舍知春尽"，吴敬梓在"渐见含桃火齐红"的暮春季节回到南京。

吴 敬 梓

这次的故乡之行，让吴敬梓感到轻松快乐，这也让他找到了一种排遣忧愁的好办法。这之后，吴敬梓经常出游，大江南北都是他游赏的地方。

乾隆三年（1738年）春，吴敬梓和好友李本宣一起去苏南溧水一带游览。李本宣，字蓮门，原籍扬州江都，后来流寓南京长达二十年之久。戴瀚《雪村编年诗剩》中说他"孝子亦才子"，能诗善画。吴敬梓和李本宣有很多相似之处，他们均寓居南京，讲究孝道，还经常在一起谈学论道，吟诗作画。从吴敬梓的诗《二月三日舟发通济河同李蓮门作》可推断，二月三日，春色正浓的季节，两个人在通济河码头登船起航，开始了这次的旅行。他们一路欣赏美景，傍晚的时候，看见炊烟袅袅，吴敬梓诗兴大发，作了一首诗《夕阳》：

夕阳红与绿波溶，乌榜青烟春意浓。
近岸绣幡飘柳外，谁家糕酒祭勾龙。

本宣也随即和作一首：

蕊渊西下远波融，篷底炊烟煮晚菘。
行饭舵楼闲眺望，绿杨村店酒旗红。

出游到溧水的时候，遇到了友人钱图南，他邀请吴敬梓到舍中做客，吴敬梓写有《钱图南斋中夜坐》，在钱图南的客舍里，吴敬梓感受到的是自然恬静的氛围，"但觉襟怀爽，应教势力恬"。吴敬梓还与朋友一起到溧水县西南四十多里外的地方游览了左伯

桃墓。左伯桃，战国时期的燕人，与羊角哀生死之交被传为佳话。吴敬梓在《左伯桃墓》中赞赏他们之间交情的同时，亦不满他们之间的"急荣遇"。把他们的"急荣遇"与自己的"却聘"作对比，表明自己要像陵仲子那样"灌园葆贞素"。

吴敬梓此次溧水之行除了左伯桃墓，还游览了投金濑、石臼湖等名胜古迹。游赏之余，吴敬梓还在邰村会见了几位老朋友。根据吴敬梓的诗《邰村同司徒左文赵寿民司徒孔文司徒际周话旧》中记载，吴敬梓和司徒际周、司徒左文、司徒孔文、赵寿民等人在一起，"密戚忻相聚，香醪味独甘"，"往事俱重述，行踪亦共谙"。这几个人都是当地的名士，在吴敬梓的笔下，这些人都是耽乐于林泉，颇有陶潜风致的人物，在他们面前吴敬梓感觉自己有"风尘客"的惭愧。

这一次近一个月的溧水之行，让吴敬梓彻底摆脱了博学鸿词考试的忧郁，心情已经恢复。大约因为旅途的劳累，吴敬梓在回到南京之后，消渴症再一次发作，一度卧病在家。在生病期间，他想起了自己的长子吴烺，作诗《病中忆儿烺》：

自汝辞余去，身违心不违。有如别良友，独念少寒衣。
病榻茶烟细，春宵花气微。邮亭宿何处，梦也到庭帏？

在诗中吴敬梓流露出对儿子的思念和关怀，不知道吴烺现在宿在何处，不知道儿子是不是也像自己思念他那样思念自己。吴烺（1719—1770?），字荀叔，号杉亭，吴敬梓的长子。乾隆十六年（1751年）乾隆南巡的时候，吴烺被召试赐为举人，授内阁中书，入京供职。大约在乾隆三十四年（1769年）被派往甘肃，官

宁武府同知，署府篆，不满一年即以病归。吴烺是一个有多方面才能的人。他善诗词，有《杉亭集》十六卷。善音韵，著有《五音反切图说》。他亦是名列《畴人传》中有成就的算学家，著有《周髀算经图注》《勾股算法》等，吴敬梓去世之后，他曾为之重编《文木山房集》，可惜今不存。

吴烺与吴敬梓只相差十八岁，大约十岁母亲去世之后，吴烺就一直倚靠年轻的父亲，经常和吴敬梓一起参加文士的诗酒之会，父子在同交游中产生了犹如朋友之间的情意。正如上面诗歌中所说的"有如别良友"，他们亦师亦友的关系在封建社会是难能可贵的。

夏天来临的时候，吴敬梓的病情有了好转，因为避酷暑，吴敬梓寻得正觉庵小住，在庵里读书避暑的时候，吴敬梓又给吴烺写了一首诗《夏日读书正觉庵示儿烺》。在这首诗里吴敬梓再一次回顾自己半生的坎坷，之前出游的美好兴致也有些许消散。"始知转眼间，世事多翻覆。贫贱安足悲，篝灯向西塾"，懊悔的情绪再一次流露出来。转眼到了秋天，吴敬梓这样的情绪一直没有明显地好转。乾隆三年（1738年），吴敬梓的好友曹明湖将要去京师拜见曾经举荐吴敬梓参加博学鸿词科考试的赵国麟，吴敬梓写了《送别曹明湖》，在这首诗中有这样的诗句："十月闻君又远游，北道严霜渗敝裘。长安卿相旧相识，应须笑傲凌五侯。"回想自己两年前未能参加考试的事情，还是感到遗憾，引发"人生知遇真难得"的身世只叹，情不自禁地"泪沾臆"。

（六）诗文刊刻

乾隆四年（1739年），吴敬梓三十九岁生日的时候，他回顾自

己之前的人生，写了一首词《内家娇》（生日作）。

  行年三十九，悬孤日、酌酒泪同倾。叹故国几年，草荒先垄；寄居百里，烟暗台城。空消受，征歌招画舫，赌酒醉旗亭。壮不如人，难求富贵；老之将至，羞梦公卿。 行吟憔悴久，灵氛告：须历吉日将行。拟向洞庭北渚，湘沅南征。见重华协帝，陈辞敷衽；有娀佚女，弭节扬灵。恩不甚兮轻绝，休说功名！

  吴敬梓在这首词上半阕总结了自己在故乡和南京的经历，"富贵难求""羞梦公卿"。下半阕他自比屈原，虽被放逐江潭行吟憔悴，但却依然忠诚。传说中善于占卜的灵氛劝说他择日离国远行，另寻出路，而他在最后明确了自己的想法，再也"休说功名"。时届不惑之年的吴敬梓终于在历经磨难之后得出了结论，挣脱所谓的功名富贵的枷锁，要像屈原那样洁身远游，另寻出路，做自己的事情。因为自己经济拮据，不能够过"征歌招画舫，赌酒醉旗亭"的日子，那他只能转为保持自己的素贞，过自己灌园的日子了。作为封建社会的知识分子，除了科举，还可以著书立说，这就成了吴敬梓后半生的重心。他一方面积极谋求资助，将自己的"有韵之文"刊刻出来，更重要从这时到之后的十年，是吴敬梓小说《儒林外史》主要完成时间。晚年时期，开始了他当做"人生立命处"的"治经"，他的《诗说》也基本完成于他的晚年时期。

  为了刊刻自己的文集，吴敬梓开始了他的真州之行。乾隆四年（1739年）秋天，他来到了真州，寓居僧舍中创作了一首《真

州客舍》。

> 七年羁建业，两度客真州。
> 细雨僧庐晚，寒花江岸秋。
> 奇文同刻楮，阅世少安辀。
> 秉烛更阑坐，飘蓬愧素侯。

在这首诗中，吴敬梓因为没有能力自己独立刊刻文集，所以来到真州的主要目的是"奇文同刻楮"。为此，到真州之后，他首先拜见了杨凯，有诗《赠杨督府江亭》。

> 狻猊产西域，本非百兽伦。一朝同率舞，图画高麒麟。
> 三苗昔梗化，戈鋋扰边垠。桓桓杨督府，钲鼓靖烟尘；
> 功成身既退，投老归江滨。廉颇犹健饭，羊祜常角巾。
> 明月张乐席，晴日坐花裀。丹心依天梓，白发感萧晨。
> 方今履泰交，礼乐重敷陈。天子闻鼓鼙，应思将帅臣。

据汪中《述学·别录·提督杨凯传》《仪征县志·杨凯传》等材料记载，杨江亭，名凯，字赓起，号江亭，江苏仪征人。武进士出身，历任乾清门侍卫、湖广督标中军守备、镇箪前营游击、辰州副将兼任桑植副将、湖广提督等职。杨凯虽然有功于社稷，但是在仕途上却并不顺利，乾隆二年（1737年）被弹劾革职，回到故乡居住，与一些文士相往来。

吴敬梓在秋雨连绵中，细听老将杨凯回忆苗寨征战、宦海臣沉浮的经历，既有兴趣，也非常感慨，也把杨凯的经历融入到自

己的《儒林外史》中，金和在跋中说："汤总兵之姓杨。"杨凯野牛塘战役等以奇兵袭苗寨，在小说中也有体现。

在诗《赠杨督府江亭》中吴敬梓对杨凯不无恭维之意，和他相往来，原是希望能够得到他的资助来刊刻诗文，但一直未能得到杨凯的应允。故吴敬梓在《雨》中说："明晨冲泥问杨子，妻儿待米何时还？"

因为吴敬梓并非第一次来真州，所以除了杨凯之外，他还结识了一些朋友，诸如吴芍林、江昱、方嶙等。

据阮元《广陵诗事》卷十载，吴芍林，名廷旆，号嘉树林边吟客，仪征人。吴芍林不仅是吴敬梓的诗友，与其长子吴烺也有交往。在真州期间，吴敬梓曾作《水龙吟》（自然铛为真州家芍林赋）。

半升铛里乾坤，问谁巧制同丁缓。香浓圣水，光莹伏火，淡烟徐转。尽日回廊，连宵寒雨，一樽常满。美奚奴去后，几番沸了，浑不用挥纨扇。　尽解相如消渴，更添他杜康沉湎。花阴径窄，兰舟波净，相携游遍。小病初愈，故人重到，乳花浮盏。待餐来温饼，朱衣拭取，验何郎面。

除了吴芍林之外，吴敬梓还与故交江昱再次相遇。江昱（1706—1775），字宾谷，号松泉。是扬州著名的学者、文人，二十八岁始入学为秀才。他少有神童之名，但是仕图却不顺，乾隆博学鸿词之试，曾有人准备荐举他应试，他却力辞。安贫嗜学，郑板桥曾作诗赠他说："扬州江七无书名，予独爱其神骨清。"并

赞扬他"才思原纵横""学术原峥嵘"(《板桥诗钞》),一生著述甚丰,有《梅鹤词》四卷,《松泉诗集》六卷,《韵岐》四卷。此外,他还有《清泉志》《宾州渔簑谱疏注》《草窗集外词疏证》《山中白云词疏证》等,治经方面有《尚书私学》四卷。江昱交友颇广,同吴敬梓的亲朋吴烺、程廷祚、李葂、程晋芳、团昇等均有交往。

这次的真州之行能够见到江昱,吴敬梓非常高兴,可是因为江昱身体不适,不得不提前离开真州,虽然两个人聚会的时间不多,但友情却非常深厚,吴敬梓在离开真州之前,还写了《岁暮返金陵留别江宾谷》二首。

广莫风多寒气凝,布帆霜雪照秋灯。
从今只可凭双鲤,问讯相如病茂陵。

长云断岸尽相思,衰柳何堪绾别离?
楚鼓数声村落晚,扁舟重遇佛狸祠。

吴敬梓的这次真州之行能够圆满成功,最主要的还是得益于方嶟。方嶟,字谦山,一字可村。雍正十年(1732年)"翰林院待诏",家居时多行善事。方嶟善于作诗,著有《停云集》。他还常与吴敬梓另一好友团昇等人相互唱和,刻有《真州倡和集》二卷。吴敬梓的"有韵之文"得以刊刻问世,就是方嶟出资促成的结果。方嶟还为吴敬梓的《文木山房集》写了一篇简短的序言,现附录于此。

> 全椒吴侍读公，以顺治戊戌登一甲第三人进士及第。其所为制义，衣被海内，一时名公巨卿，多出其门，李文贞公其一也。诗古文辞，与新城王阮亭先生齐名，学者翕然宗师之。嶟之先人，与吴氏称世讲好者，近百年矣。
> 侍读之曾孙敏轩，流寓江宁，能以诗赋力追汉唐作者。既不遇于时，益专精殚志，久而不衰。今将薄游四方，余遂捐箧中金，梓其有韵之文数十纸，以质之当代诸贤。窃叹全椒吴氏，百年以来称极盛，今虽稍逊于前，上江犹比之乌衣、马粪，而敏轩之才名，尤其最著者也。余梓其所著，匪独爱其与余为同调，将与天下共之焉。

在这篇序中，方嶟评价吴敬梓诗赋的时候用了一个词"力追汉唐"，除此之外，更多的是对吴敬梓家世和他自身境遇的介绍。方嶟出资刊刻的这部《文木山房集》，大部分是吴敬梓四十岁之前诗、词、赋，虽然不足以概括吴敬梓的所有作品，但对于我们了解吴敬梓的生平、思想及文学特点等已是难能可贵。

自己的有韵之文能够刊刻，吴敬梓的真州之行也算是不虚此行，目的达到了，吴敬梓于是回到了自己的淮水亭。

乾隆五年（1740年），吴敬梓再一次回到了故乡全椒。这次故乡之行，吴敬梓会见了自己的岳丈叶草窗，前文已经说过，这两个人本就是志同道合的"同志"，这一次有机会再次见面，自然是分外高兴的事情。叶草窗觉得这可能是两个人最后一次会面了，所以留女婿待了十多天。吴敬梓在叶草窗逝世后写了一首《挽外舅叶草窗翁》。

> 吴中有耆硕，转徙淮南地。自号草窗翁，所师僦贤季。爱女适狂生，时人叹高义。茅檐四五椽，绕篱杂花莳。肘后悬《灵枢》，案前堆《金匮》。园林剧药苗，屏风挂盐豉，徙柳多奇情，针芥亦游戏。梅福庄光甥，昔贤爱同志。嗟余辞乡久，终岁不一至。前年悬弧辰，留我十日醉。示我平生业，《周易》蝇头字。旁及老庄言，逍遥无物累。自言岁龙蛇，逝将谢人事。绩学翁所勤，近名翁所忌。无人为表微，谁定黔娄谥？

真的如叶草窗所预料，这次会面之后没两年，叶草窗就去世了。在诗歌中，吴敬梓赞扬了岳丈的高尚品德，也为岳丈的高行无人认可表示了愤慨和哀悼。

除了岳丈之外，吴敬梓的另外一位舅父也在这一期间辞世。吴敬梓对这位舅父的感情很深，他的病逝对吴敬梓的打击颇大。吴敬梓的这位舅父二十岁就考取了秀才，之后每次乡试，他都应考，但每次都名落孙山。应该说这位舅父一生都追求科举这一条路，吃尽苦头，除了自己的精神折磨之外，还要忍受别人的冷眼。六十岁的时候最终抱病离世。吴敬梓在诗《哭舅氏》中总结了这位舅父的一生。

> 河干屋三楹，丛桂影便娟，缘以荆棘篱，架以蒿床眠。南邻侈豪奢，张灯奏管弦；西邻精心计，秉烛算缗钱。吁嗟吾舅氏，垂老守残编。弱冠为诸生，六十犹屯邅。皎皎明月光，扬辉屋东偏，秋虫声转悲，秋藜烂欲

然。主人既抱病，强坐芸窗前，其时遇宾兴，力疾上马鞯。夜沾荒店露，朝冲隔江烟，射策不见收，言归泣涕涟。严冬霜雪凝，偃卧小山巅，酌酒不解欢，饮药不获痊。百忧摧肺肝，抱恨归重泉。吾母多兄弟，惟舅友爱专。诸舅登仕籍，俱已谢尘缘。有司操尺度，所持何其坚！士人进身难，底用事丹铅？贵为乡人畏，贱受乡人怜。寄言名利者，致身须壮年。

吴敬梓的这位舅父从二十岁到六十岁，人生唯一的事情就是科举，为了科举一次次拼死拼活，却一次次失败而归。一次次的打击，让他内心备受煎熬，"酌酒不解欢，饮药不获痊"，终于最后"百忧摧肺肝，抱恨归重泉"。前面诗歌中赞扬的岳丈和这位舅父两个人有不同的性格、不同的追求，两个人的人生也形成了鲜明的对比。在这样强烈的对比中，吴敬梓对八股科举有了真正的认识，明白了封建社会科举考试的弊端，以及对士子的残害。这一时期，吴敬梓的思想有了很大的发展，这也促成了吴敬梓《儒林外史》的写作及完成。

（七）修先贤祠

乾隆五年（1740年），吴敬梓由故乡全椒回到了南京，这一年吴敬梓四十岁，这之后的几年，吴敬梓除了诸如安徽等几次近距离的出游之外，大部分的时间都在南京的秦淮水亭著书立说，和一些文士互相酬唱，一时间也是文名在外，金和在《儒林外史跋》中说："四方文酒之士，走金陵者，胥推先生为盟主。"这一时期吴敬梓往来的文士有吴培源、龚退庵、冯粹中、牛草衣、宋润九、

涂长卿、沈瘦岑、樊圣漠、顾秋亭、戴瀚等。

吴培源（1688—1768），字岵瞻，号蒙泉，江苏金匮（今无锡）人。乾隆二年（1737年）丁巳科三甲赐同进士出身，授职上元县学教谕（《江苏诗征》卷十五）。十三年（1748年）调任浙江遂安知县。十七年，退隐故乡，过了近二十年的淡泊宁静的生活。著有《会心草堂集》八卷，其中有与吴敬梓的唱和和联句。吴培源在上元县教谕任上就与吴敬梓情同叔侄。吴敬梓"生平所至敬服者，惟江宁府学教授吴蒙泉先生一人"（金和《儒林外史跋》）。吴敬梓的文集中亦有诗《赠家广文蒙泉先生》。

吾宗宜硕大，分派衍梁溪。名字标黄阁，纶音降紫泥。清才堪禁近，课士且卑栖。系马春风暖，衔杯月影低。槐阴看鳣集，柳外听乌啼。钟阜邀词藻，秦淮净品题。微吟惊候吏，奏绩付诗奖。大雅将沦落，斯文赖整齐。昔年贤使相，投分几招携。岂合甘萧散，应难得久稽。声称盈玉殿，依旧赴金闺。

吴敬梓在《移家赋》中有"高祖为仲雍九十九世孙"，以泰伯后人自居，因而与无锡吴氏亦可谓同宗。在诗中，吴敬梓赞扬了吴培源有才学，又为其位卑不值，相信吴培源决不会滞留下位，一定会有施展才华的一天。吴培源对吴敬梓也是英雄相惜，相见恨晚。乾隆六年（1741年）正月，存于吴培源《会心草堂集》中有一首吴敬梓和吴培源的联句诗《辛酉正月上弦与敏轩联句》，这首联句诗表达了他们二人在把盏闲吟的生活中推崇彼此的才情。

乾隆七年（1742年）的除夕，吴培源邀请吴敬梓到他家守岁。

按照中国的传统，守岁一般是一家人的团聚。吴培源的邀请，吴敬梓的应邀，可见二人真的是亲如一家人。吴敬梓曾作《满江红》，可惜今未见。吴培源也写了一首词《满江红》（除夕和敏轩韵）（见《会心草堂集》诗余）。

　　钟阜秦淮，喜坐啸六朝名郡。仿佛见，旧时王谢，风流东晋。三载羁栖同浪迹，一官落拓空霜鬓。觉年来，冲淡是襟期，无悲愤。　　团子妇，陈椒酝；盘首蓿，传清韵。望故园春色，碧山云近。老我不才宜懒慢，任他捷足夸神骏。拟一江烟水赋归来，甘肥遁。

　　其中"觉年来，冲淡是襟期，无悲愤"道出了他们两个人共同的胸怀。《儒林外史》中被誉为"书中第一人"的虞德育就是以吴培源为原型塑造的。

　　这一年的二月，吴敬梓同吴培源、戴瀚、程廷祚、李本宣等人应程丽山之邀在城北护兰斋宴集，集会期间有老伶工王仲宁的表演。在回城南的途中，了解到老艺人的坎坷经历，吴敬梓在感慨自己的半生漂泊之余，写了一首七言古诗《老伶行》赠他。这首诗见于吴培源的《会心草堂集》。在这首诗里，王仲宁这位"过时才人"的悲哀勾起了吴敬梓自己"才人多少凌云赋，白首何曾献至尊"的悲哀。他与王仲宁同是"失意人"，又同是"零落才人"，而且两个人有同样的迟暮之感，写得非常感人。后来王又曾在《书吴征君敏轩文木山房诗集后》写到：

　　一首老伶吴祭酒，几篇乐府白尚书。

吴敬梓

人间具眼定能辨,论属盖棺非面誉。

他把吴敬梓的《老伶行》比作白居易的诗,与其《琵琶行》有相同之处。吴培源也很欣赏这首诗,写了两首绝句《题敏轩老伶行诗后》:

崔九堂前一曲歌,落花时节奈君何。
白头应记升平乐,甘载江南望幸多。

零落才人献赋迟,兴酣翻出老伶诗。
良辰好赏旗亭酒,赌取黄河远上词。

这一时期,在南京与吴敬梓相酬唱的还有冯粹中。冯粹中,名祚泰,滁州人,长期寄寓在金陵钟山书院。冯粹中为人侠义,胆略过人。和吴敬梓及其长子吴烺均有交往。吴烺在《归里杂感》中说在他中举前,每逢科考、岁考,他大都与吴烺一同从南京出发,乘夜船直抵滁州。(见《杉亭集》卷九)乾隆十七年(1752年)中举,授正白旗教习。冯粹中还是水利专家,著有《治河前后策》四卷。《儒林外史》中的马二先生就是以他为原型。

这一时期交往的文士中樊圣谟对吴敬梓的影响也很大。樊圣谟名明徵,字轸亭,原籍江苏句容,后流寓南京。书法家,能诗擅文,颇通文墨,还擅长金石之学。著有《经颂随笔》,被时人称为"怀远大师"。程廷祚在《与友人樊某书》《答友人樊某书》中与他讨论一起制作礼乐等问题。从信中的内容可以知道吴敬梓也参加了探讨,程廷祚指出:"《大招》之作,乃楚之累臣创为之以

述悲哀者，岂丧礼所可用而云古有是事乎？"程廷祚还说："敏轩所作《大招》，亦近游戏，古无其礼。"希望樊圣谟传达给吴敬梓，不可张扬。（见《青溪文集》续编卷四）《儒林外史》中的迟衡山形象，就是以樊圣谟为原型的。

吴敬梓寓居南京时期，有不少人酝酿修复先贤祠一事，吴敬梓的先人曾有多次修建学宫的善举，这样的举动对吴敬梓影响比较大，他也参与修复先贤祠。金和在《儒林外史跋》中记载：

> 先生（吴敬梓）又鸠同志诸君，筑先贤祠于雨花山之麓，把泰伯以下名贤凡二百三十余人，宇宙极闳丽，工费甚钜，先生售所居屋以成之。

又顾云《盋山志》卷四载：

> 江宁雨花台，明所建先贤祠在焉，祀吴泰伯以下五百余人，岁久，圮矣。征君（吴敬梓）与同志议复其旧，赀弗继，则独鬻全椒老屋成之。

南京的先贤祠原址在青溪的东边，为宋代开庆元年（1259年）制使马光祖所建，明代的时候曾修葺过，但到清代时期已经再度废颓，时樊圣谟首先在文士中发动修复先贤祠，吴敬梓积极参与其中。吴敬梓倡导修复先贤祠，与当时崇儒抑道的思想有直接关系，与之前吴氏家族中争夺财产亦有关。关于这次修复先贤祠的具体细节，现存的材料不详，不过《儒林外史》中关于泰伯祠的修建和祭祀有详细的描写。小说第三十三回有这样的一段话：

杜少卿道："甚么事？"迟衡山道："我们这南京，古今第一个贤人是吴泰伯，却并不曾有个专祠。那文昌殿、关帝庙，到处都有。小弟意思要约些朋友，各捐几何，盖一所泰伯祠，春秋两仲，用古礼古乐致祭。借此大家习学礼乐，成就出些人才，也可以助一助政教。但建造这祠，须数千金。我裱了个手卷在此，愿捐的写在上面。少卿兄，你愿出多少？"杜少卿大喜道："这是该的！"接过手卷，放开写道："天长杜仪捐银三百两。"迟衡山道："也不少了。我把历年做馆的修金节省出来，也捐二百两，"就写在上面，又叫："华士，你也勉力出五十两。"也就写在卷子上。

在小说的三十四回中，杜少卿拜见庄绍光，庄绍光仔细看过所订要行的礼乐之后说："这千秋大事，小弟自当赞助效劳。"之后三十五回中又说迟衡山约同马纯上、蘧駪夫、季苇萧、萧金铉、金东崖，在杜少卿河房里商议祭泰伯祠之事。然后这些人又去拜见虞德育，最终在三十七回里"祭先圣南京修礼"，即泰伯祠大祭。

《论语·泰伯》中说："泰伯，其可谓至德也已矣。三以天下让，民无得而称焉。"以"让名"与世人的泰伯与为功名而趋之若鹜的人形成了鲜明的对比，也体现了吴敬梓内心真实的愿望。

（八）著书立说

在修复先贤祠的时候，吴敬梓甚至卖族屋成之。其实从乾隆

八年（1743年）到吴敬梓逝世，吴敬梓的经济情况愈加不好。这几年除了几次出门寻求资助之外，吴敬梓大部分时间都在南京埋头著书。

《儒林外史》的写作就在这样艰难的条件下进行着。吴敬梓的好友程晋芳在乾隆十四年（1749年）写的组诗《怀人诗》第十六首这样写到：

寒花无冶姿，贫士无欢颜。嗟嗟吴敏轩，短褐不得完。家世盛华缨，落魄中南迁。偶游淮海间，设帐依空园；飕飕窗纸响，槭槭庭树喧。山鬼忽调笑，野狐来说禅。心惊不得寐，归去澄江边。白门三日雨，灶冷囊无钱。逝将乞食去，亦且赁舂焉。《外史》纪儒林，刻画何工妍！吾为斯人悲，竟以稗说传。

从这首诗里可以知道，此时的吴敬梓非常穷困潦倒，衣不蔽体，食不充饥，甚至到了不得不到处"乞食"的地步。吴敬梓大约是为了生计来到了淮海之地，但因身无分文，不得不住在废弃的园子中。他返回南京的时候，偏遇连绵细雨，家里已经几天没有做饭了。为了一家的生计，他甚至可以去为别人舂米。吴敬梓这样一位出身科举世家、一生颇高傲的人，在人生的最后阶段却遭遇了这样的苦难。《儒林外史》这部著作是吴敬梓承受着巨大的怨愤愁苦，以坚韧的毅力完成的。王又曾在诗中云："闲居日对钟山坐，赢得《儒林外史》详"（《书吴征君敏轩先生文木山房诗集后》）。大概只有理解此时的吴敬梓才能更深入地理解《儒林外史》。

吴 敬 梓

吴敬梓在这一期间为我们留下了不朽的著作，但他自己的境况却非常惨淡。生活的艰辛自不必说，更主要的是吴敬梓要忍受着孤独。在此前几年，其长子吴烺就独自一人出外谋生，吴敬梓在晚年的时候，经常想起自己的儿子。在诗《除夕宁国旅店忆儿烺》小序中他说："儿年最幼，已自力于衣食。其东道主皆长者也，故篇未及之。"诗曰：

旅馆宵无寐，思儿在异乡。
高斋绵雨雪，歧路炮风霜。
莫诧时名著，应知客思伤。
屠苏今夜酒，谁付汝先尝？

对于儿子独自谋生，吴敬梓深表愧疚。在《儒林外史》创作期间，承欢膝下的幼子蘧叔又病故，吴敬梓的悲痛之情可想而知。遗憾的是吴敬梓有关幼子逝世的诗词一首也没有留下来，只有其长子吴烺在乾隆十三年（1748年）写的《梦与亡弟蘧叔共饮觉而有作》（《杉亭集》卷三）：

一恸今原百种哀，谁教抱恨向泉台？
为言病骨经秋冷，强慰愁心借酒开。
觉后泪痕珠颗颗，帘前霜气白皑皑。
剧伤踪迹如萍梗，偏有精魂觅我来。

吴烺对幼弟思念有加，从吴烺创作此诗的心情我们也可以推断出此时吴敬梓的悲惨境况。即使境况再恶劣，吴敬梓也没有停

止《儒林外史》的写作。大约在乾隆十四年（1749年），吴敬梓完成了《儒林外史》的创作。在此后的数年里，吴敬梓把自己的精力主要投入到了学术研究上，他的治经著作《诗说》就是这一时期写就的。

（九）病逝扬州

乾隆十六年（1751年）之后的三五年，是吴敬梓人生的最后阶段。这一阶段吴敬梓也有一次出仕的机会。乾隆十六年（1751年）三月，乾隆首次南巡，来到了南京，召试地方的读书人，以显示朝廷对人才的重视，吴敬梓没有参加此次的召试，他的朋友兼连襟金榘的儿子金兆燕在《寄吴文木先生》诗中这样说：

昨闻天子坐明堂，欲祭衡霍巡南方，特重经术求贤良，伸让讲义夸两行，钦明八风舞回翔。负薪老子露印绶，妻孥竦息趋路旁。先生何为独深藏，企脚高卧向桐床？

此时的吴敬梓没有去献策，主要的原因是其思想上的深刻认识，他已经不再对科举入仕之类的抱有希望。但是吴敬梓没有阻拦儿子吴烺去参加考试，吴烺因为成绩突出，被赐举人，授官内阁中书。

虽然吴烺被授官，但是凭其微博的收入，勉强够自己在京城的生活，而寄寓南京的妻小和吴敬梓的生活就更加拮据。关于吴敬梓这一时期的经济状况，程晋芳在《寄怀严东有》三首其二中有所涉及。

敏轩生近世，而抱六代情；
风雅慕建安，斋栗怀昭明。
囊无一文钱，腹作干雷鸣。
时时坐书牖，发鸣惊鹎鵊。
阿郎虽得官，职此贫更增。
近闻典衣尽，灶突无烟青。

本就贫困的家庭，又赶上吴烺的妻子生病。吴烺在《悼亡》三首之三自注中说："余人都供职，孺人家居，病遂深重。"在《悼亡》三首之二自注中也曾说及"余家贫断炊，每贳饼而食"，"深冬无卧茵，孺人以絮裙代之"（见《杉亭集》卷四）。由此可见，吴敬梓在晚年的时候陷入到了缺衣少食的困境之中。

乾隆十七年（1752年）秋，吴烺因为父亲年迈、妻子病情严重，曾从北京告假回到南京，得与其父吴敬梓同居秦淮水亭。吴烺回南京让拮据的家庭在经济上有一些好转，此时也有之前的旧友前来欢聚，一时间也让晚年的吴敬梓得到了一些欢愉。在此期间，吴敬梓曾几次返回故乡，出游扬州、真州等地。

乾隆十七年（1752年）、十八年（1753年）吴敬梓曾多次回到自己的故乡。也许是因为暮年之故，也许是落叶归根的思想，吴敬梓对家乡的思念与日俱增。在故乡停留了一段时间之后，吴敬梓再一次回到了南京。在南京，他再一次游览了南京的名胜古迹，冶城、杏花村、燕子矶、谢公墩、凤凰台、莫愁湖等，并且有诗歌留下来。

除了这些游历之外，为了摆脱寂寥的生活，也为了谋求生活

上的周济，吴敬梓于乾隆十九年（1754年），再一次去了扬州。这次扬州之行，主要的目的是为了会见卢见曾。

卢见曾（1690—1768）字抱孙，号澹园，又号雅雨山人，山东德州人。康熙六十年（1721年）进士，雍正年间任江宁知府。乾隆元年（1736年）授两淮盐运使，护理两淮的盐政，即既掌理盐运，又巡察盐课，权限极大。乾隆五年（1740年），因罪被遣戍边，当时高凤翰绘了一幅《雅雨山人出塞图》，在图的下端有吴敬梓的题诗，这首诗是我们现在可以见到的吴敬梓唯一的手迹。诗云：

玉门关外狼烽直，氆帐穹庐犄角立。
鸣镝声中欲断魂，健儿何处吹羌笛。
使君衔命出云中，万里龙堆广漠风。
夕阳寒映明驼紫，霜花晓衬罽袍红。
顾陆丹青工藻绘，不画凌烟画边塞。
他日携从塞外归，图中宜带风沙态。
披图指点到穷发，转使精神同发越。
李陵台畔抚残碑，明妃冢上看明月。
天恩三载许君还，江南三度繁花殷。
繁花殷，芳草歇，蔽芾甘棠勿剪伐。

治晚生吴敬梓

乾隆九年（1744年）卢见曾被召还。十九年（1754年）复任两淮盐运使。卢见曾雅好文学，初任盐运使的时候，在衙门内修建苏亭，每日与文人饮酒唱和，文宴之盛，在江南为第一。卢见曾再次任盐运使的时候，与文人的酬唱更甚。乾隆二十二年

(1757年),卢见曾曾修禊虹桥,作七言律诗四首,"其时和修禊韵者七千余人,编次得三百余卷",可见其当时影响之大。

作为卢见曾的宾客,吴敬梓地位并不重要,此次的扬州之行,虽然他经常出入卢见曾幕府,却住在了亲戚家中,金兆燕在他的诗歌中这样说:"自我来芜城,旅社恒苦饥。客中遇所亲,欢若如躩蹦。我居徐宁门,君邻后土祠。昕夕相过从,风雪无愆期。峨峨琼花台,郁郁冬青枝。与君攀寒条,泪下如连丝。"(《甲戌仲冬送吴文木先生旅榇于扬州城外登舟归金陵》,见《棕亭诗钞》卷五)

作幕僚的日子并不好过,连金兆燕都"旅社恒苦饥",吴敬梓的境况就更加艰难了。程晋芳在《文木先生传》中说:"岁甲戌,与余遇于扬州,知余益贫,执余手以泣曰:'子亦到我地位,此境不易处也,奈何!'余返淮,将解缆,先生登船言别,指新月谓余曰:'与子别,后会不可期。即景怅怅,欲构句相赠,而涩于思,当俟异日耳。'时十月七日也。"乾隆十九年(1754年),吴敬梓与程晋芳邂逅扬州,程家本对吴敬梓有多次帮助,但此时程家亦败落,吴敬梓表达了对友人的关心,也反衬了自己的贫窘。

因为此次的扬州之行并未得到卢见曾的重视,吴敬梓也倍感冷落,如金兆燕的诗中所说:"丈夫抱经术,进退触藩羝。于世既不用,穷饿乃其宜。何堪伍群小,颠倒肆诋欺",感慨"谁识王明敫,斋钟愧阇黎",表达了自己不被看重的苦恼之外,也对卢见曾表示不满。在愤慨之余,吴敬梓决定"逝将买扁舟,卒岁归茅茨"(金兆燕《甲戌仲冬送吴文木先生旅榇于扬州城外登舟归金陵》)。吴敬梓回到南京,守穷度日。

回南京之前,吴敬梓与朋友最后相聚,吴敬梓开怀纵饮,微

醉中，他反复地吟诵张祜的《纵游淮南》：

　　十里长街市井连，月明桥上看神仙。
　　人生只合扬州死，禅智山光好墓田。

　　十月二十八日，吴烺的同僚兼好友王又曾由京城南返，路过扬州，拜见慕名已久的吴敬梓，两个人相谈甚欢，相约次日再见。回到自己的寓所后，吴敬梓又小饮了几杯，上床安歇，突然痰涌不绝，当金兆燕得到消息赶来时，吴敬梓已经谢世了。王又曾于十九日凌晨在船中得知吴敬梓逝世的消息，非常惊诧，不禁感慨道："于戏伤哉！又曾愿见之心，积之数岁，得一见矣，而先生遽一夕而殒。人生怪愕之事，无逾于此！"（《书吴征君敏轩先生〈文木山房诗集后〉》）。吴敬梓去世时，只有小儿子在身边，死后身无分文，王又曾告知卢见曾，卢见曾出资得以成殓入棺。一切安排妥当之后，金兆燕同吴敬梓的幼子，将吴敬梓的遗柩从扬州用船运回南京，安葬在南京城西北的清凉山脚下，一说葬在城南的凤台门附近。

　　吴敬梓逝世之后，很多的亲友作文、作诗纪念。金兆燕写长诗《甲戌仲冬送吴文木先生旅榇于扬州城外登舟归金陵》回忆吴敬梓晚年的生活和思想，王又曾在《书吴征君敏轩先生〈文木山房诗集后〉》、程晋芳在《哭吴敏轩》中记叙了吴敬梓病逝前的情况。除此之外，程晋芳还为吴敬梓写了一篇传记，即《文木先生传》，这篇传记为我们了解吴敬梓的生平、思想、著述等提供了宝贵的材料。

二、吴敬梓的思想

一个人思想的形成与他的家庭、经历、交往、生活等都密切相关，且是一个慢慢形成的过程，吴敬梓思想的形成亦是如此。吴敬梓的思想是比较杂糅的，他的家世决定了他从小就受到了严格的儒家正统思想的教育。少年时期书籍的阅读，以及移家南京后的经历，他开始慢慢接触并接受六朝风尚的影响。中年之后吴敬梓有机会接触一些当时的先进思潮诸如颜李学说等，又与一些自然科学领域的人有往来，又开始慢慢接受新思潮，这些都是造成吴敬梓思想杂糅的原因。

（一）儒家思想

1. 吴敬梓儒家思想的原因及表现

在儒释道中，儒家思想作为中国思想的精髓，一直在中国的哲学史上占据主导地位，对历朝历代的文学家影响都很大。吴敬梓生活的清代，统治者为了巩固封建统治秩序，极力倡导儒学，推崇程朱理学。在这样的大背景下，吴敬梓的思想中起主导作用的也必然是儒家思想。另外，无论是从吴敬梓的家世、所受的教

育、人生的经历还是他所创作的作品来看，儒家思想对他的影响都是最大的。

全椒吴氏自从吴沛开始，就以儒为业，通过几代人的不懈努力，终于成为奉儒守官的封建大家族。吴敬梓出生在这样一个以诗礼传家的家庭里，也必然从根本上接受儒家思想。吴敬梓在其《移家赋》中就点明自己的高祖为仲雍的第九十九世孙。仲雍，又称虞仲，是吴泰伯的弟弟。虽然这样的说法现今的资料无法考证，但吴敬梓在赋中这样表述，就证明他是认可且希望成为仲雍的后人。吴敬梓的先祖开始研习四书、五经，揣摩举业，所以吴家才能够实现科举发家。吴敬梓的高祖吴沛虽一辈子是廪生，却是一个有学问和修养的人。吴敬梓最佩服的曾祖父吴国对是探花，《移家赋》中说他"常发愤而揣摩，遂遵道而得路"，所谓的揣摩就是根据科举考试的要求研究八股制艺，所谓的道也就是儒家之道。吴敬梓的祖父吴旦是一个孝子，父亲吴霖也是一个非常方正的儒生。除了直系的先祖父辈以外，吴敬梓的其他先父祖辈也有科名，明清两代，吴氏中进士、举人、贡生、秀才的不下数十人。王又曾在《书吴征君敏轩先生〈文木山房诗集后〉》中说："国初以来重科第，鼎盛最数全椒吴。"除了科举发家之外，吴氏在学术上也著述颇丰。吴沛著有《西墅草堂集》《诗经心解》，吴国定著有《莴园集》《诗经讲义》，吴国缙有《世叔堂集》《诗韵正》，吴国对有《心远堂集》等等，这些著作涉及经学、文学、史学等，内容广泛，尤其是《诗经》，吴家几辈人都有研究的相关论著，这也是吴敬梓对"治经"偏爱的渊源，吴敬梓出生在这样一个家庭里，必然对其思想产生深远的影响。

吴敬梓从小就秉承父祖辈的愿望，开始学习诗书。《移家赋》

中说自己"少有六甲之诵，长余四海之心"，心存大志。在父亲吴霖起的严格教育下，吴敬梓从小就开始研究四书、五经和制艺。与其他子弟不同，吴敬梓从小就开始苦读，所涉猎的除了经史子集之外，尤精《文选》，从小就有以科举功名出身，荣耀门楣的想法。长大成人之后，吴敬梓"抱义怀仁，被服名教"（程廷祚《与吴敏轩书》），为了科举考试，他一直关注宋儒注疏的四书、五经和八股文，对儒家思想地接受和熏染就更加深入。也是因为儒家思想的影响，吴敬梓年少的时候一直以举业为己任，也曾孜孜以求，为的是不辜负父亲、老师和亲人的教导和希望。康熙五十七年（1718年），吴敬梓在生父吴雯廷病重的时候，还是依据生父的愿望，在滁州参加了秀才的考试，顺利通过。之后吴敬梓参加了多次的乡试，可都以失败而告终。雍正七年（1729年）吴敬梓在滁州参加了乡试的预备考试，为了能故争取到考试的资格，他竟然向主试者跪拜求情。可见当时吴敬梓是一心想考取功名，实现自己的科举之业。三十岁除夕的时候，吴敬梓还因为自己未能取得功名，未能继承父祖的遗志，又负先人的教诲而痛心。乾隆元年（1736年），三十六岁的吴敬梓参加了博学鸿词科的考试。虽然在这之前吴敬梓已经对科举考试产生了怀疑，但还是参加了两次预考。最后廷试的时候因为身体不适的原因而未能参加上，为此吴敬梓也有一段时间非常后悔、懊恼。在他之后的诗文里还时不时地流露出自己未能取得功名的悔恨，这些都是吴敬梓思想中儒家思想影响的结果。

  吴敬梓儒家思想的表现除了追求功名，光耀吴氏之外，还积极参加了泰伯祠的修建和祭祀活动。《史记·吴太伯世家》中记载了春秋时吴国王室的起源及其世系。"吴太伯，太伯弟仲雍，皆

周太王之子，而王季历之兄也。季历贤，而有圣子昌，太王欲立季历以及昌，于是太伯、仲雍二人乃奔荆蛮，文身断发，示不可用，以避季历。季历果立，是为王季，而昌为文王。太伯之奔荆蛮，自号句吴。荆蛮义之，从而归之千余家。"孔子在《论语》中说："泰伯，其可谓至德也已矣。三以天下让，民无得而称焉。"孔子称赞泰伯的"让德"之美。也因为这个原因，吴敬梓对泰伯祠非常敬重。

当然吴敬梓积极参加泰伯祠的修建和祭祀活动还与当时的学术思潮有一定的关系。明清之际，道家思想和佛教一时发展兴盛，当时的一些进步思想对这种现象进行了反击，其中就包括颜元、李塨。吴敬梓在接受新思潮的同时，也将对道家思想和佛教的反对转而变为崇尚儒学，修祠、祭祀也就是必然的了。

顾云在《盋山志》卷四中记载："江宁雨花台，明所建先贤祠在焉，祀吴泰伯以下五百余人，岁久，圮矣。征君（吴敬梓）与同志议复其旧，赀弗继，则独鬻全椒老屋成之，故逾益贫困。"这时吴敬梓已经过了不惑之年，在南京的生活也非常的贫困，可为了泰伯祠，他不惜卖掉自己的老屋以促其成，从这件事上可以看出吴敬梓对修建泰伯祠的重视程度，这样的行为也表示儒家思想在吴敬梓思想中根深蒂固的位置。

也是由于儒家思想的影响，吴敬梓一直致力于治经，并且把治经看做是一件非常重要的事情。程晋芳在《文木先生传》中有这样的记载：

（吴敬梓）与余族祖绵庄为至契。绵庄好治经，先生晚年亦好治经，曰："此人生立命处也。"

全椒吴氏一直有治经的传统，这也对吴敬梓产生了一定的影响。陈美林在《试论"思想家的小说"的作者吴敬梓的思想》一文中指出："（吴敬梓）能于毛、郑之外，间采今文三家，对朱《传》也有所取舍，其标准在于'醇正可传'，符合孔子的兴观群怨，事父事君的观念以及毛《序》所提出的'经夫妇，成孝敬，厚人伦，美教化，移风俗'的诗教"（见《东南大学学报（哲学社会科学版）》2002 年 06 期）。吴敬梓的治经也是在儒家思想的指导下的学术研究。他的治经成果《诗说》始终贯穿着儒家思想的精髓——礼乐和教化。他的创作讲究"文行出处"，晚年更是无比看重治经这件事，对儒家思想的服膺不言自现。

2. 《儒林外史》中吴敬梓儒家思想的表现

吴敬梓思想中占主导地位的儒家思想，也一直影响着吴敬梓的文学创作，这在他的诗歌、辞赋中有所表现，但是最能体现其儒家思想的是其小说《儒林外史》。

小说中有很多人物和情节都能体现作者的思想。《儒林外史》中可以从以下几个方面考察吴敬梓儒家思想的表现。

（1）《儒林外史》中表现的孝悌

善对父母曰孝，敬爱兄长曰悌。孝悌是儒家思想"仁"的核心，也是儒家思想中最基本的要求。关于孝悌《论语·学而》中有不少的表述。"其为人也孝弟，而好犯上者，鲜矣；不好犯上，而好作乱者，未之有也。君子务本，本立而道生。孝弟也者，其为仁之本与？""弟子入则孝，出则弟，谨而信，泛爱众，而亲仁。""父在，观其志；父没，观其行；三年无改于父之道，可谓

孝矣。"从这些表述可以看出孝悌在儒家思想中的重要。

当然吴敬梓对孝悌的重视也与其家世有直接的关系。全椒吴氏一直是以孝悌传家，吴敬梓在《移家赋》中这样说："讲孝友于家庭，有代传之清节。"吴敬梓的父祖也都是讲究孝悌的人。康熙《全椒志》关于吴家各辈的孝悌人物都有记载。吴敬梓的远祖吴谦对待自己的父母能够"婉顺尽志"，高祖吴沛因为自己的生日和父亲忌日是一天，所以每次生日的时候都"哀不举觞，并不受诸子觞，终其生不改"。曾祖辈的吴国鼎"事亲孝，一出于至诚，亲或有色怿，既长跽伏地，不命不敢起"。吴国器"割股和药"，给父亲治病。吴国龙也能"笃天伦，重名谊，奉亲孝"。吴敬梓的曾祖父吴国对也"性笃孝，时时语其先人，辄呜咽下泣"。据民国的《全椒志》记载，吴敬梓的祖父吴旦曾随父亲吴国对在京城做官，"父若寒，旦身温衾以俟睡，早起取父衣先衣之，俟温后扶父起"。吴敬梓的嗣父吴霖起也是一个孝子，吴敬梓秉承这样的家风，也是个非常孝顺的人。自己的生父吴雯廷在南京病重的时候，吴敬梓前去探望、照顾，顺从父亲的愿望去参加了滁州的岁考，但是考试的时候一直惦记着父亲，草草应试之后，不等张榜就急忙赶回南京。后来虽然自己成为秀才，可是父亲却离开了，这让吴敬梓非常痛心，进学的快乐荡然无存。后来移家南京之后，吴敬梓不止一次在自己的诗文中提到自己的父母。在《移家赋》中多次提及对父母的思念。在《减字木兰花》（庚戌除夕客中），因为没能把父母合葬在一起而自责，"劬劳慈母，野屋荒棺抛露久，未卜先眠，何日泷冈苦一阡"。《乳燕飞》（甲寅除夕）中也因为自己功名不成而愧对自己的先人。这些都说明孝悌在吴敬梓儒家思想中的重要地位。

吴敬梓

《儒林外史》中也有很多孝悌的典型代表，这些人物形象身上孝悌的品质是吴敬梓心目中理想人物诸多优秀品质中重要的一部分。

在小说中吴敬梓塑造了王冕这一形象，作为作者心目中儒林的理想人物也是一个孝悌之人。王冕在七岁的时候父亲去世，母亲靠给别人做一些针黹来供他读书，在王冕十岁的时候，母亲无力供给，就让他给隔壁的秦家放牛，王冕说："娘说的是。我在学堂里坐着，心里也闷，不如往他家放牛，倒快活些。假如我要读书，依旧可以带几本书去读。"王冕用这样的话来安慰母亲。在秦家放的牛的时候，如果秦家煮一些咸鱼腊肉给他吃，他就用荷叶包了，拿回家递与母亲。后来自己卖画赚钱也会给母亲买一些好吃的。母亲去世之后，他"擗踊哀号"，哭得邻居都落下泪来，并坚持"苫块三年"。小说开篇就描写了一个孝悌的人物，可以看出孝悌在吴敬梓心目中的地位。历史上的王冕并没有其孝悌方面的资料，从这里可以看出，吴敬梓心目中孝悌是非常重要的品质。

除了王冕之外，吴敬梓还在《儒林外史》中描写了一个大孝子——郭孝子，即郭力。郭孝子的父亲因为曾经降过宁王，所以潜逃在外。郭孝子三下江南，一下四川，历经二十多年的时间，寻找自己的父亲。当郭孝子历尽千辛万苦找到自己父亲的时候，他的父亲为了保住自己的性命，竟然狠心不相认，甚至把自己把儿子推出门外，可郭孝子却依然不改变自己的初衷。"父亲不认儿子，儿子到底是要认父亲的"，"父亲就杀了儿子，儿子也是不出去的"。即使郭孝子万般恳求，可父亲还是不肯相认。即使这样，郭孝子也没有离开自己的父亲，而是在离父亲不远的地方，租了一间屋子，"日日搬柴运米养活父亲"。慢慢地自己身上的银

子用完了,郭孝子就"替人家挑土、打柴,每日寻几分银子养活父亲"。(第三十八回)吴敬梓用比较长的篇幅描写了一个至诚至孝的人物,可见吴敬梓对儒家孝道的肯定和推崇。

小说中还描写了匡超人的孝道。他是小说中人物的品行变化最大的。匡超人为人们所诟病是在他考中秀才之后,在之前匡超人也是一个十足的孝子。他得到马二先生的帮助得以回到自己的家乡,白天杀猪、磨豆腐,晚上尽心尽意地照顾自己的父亲。小说中有很表现匡超人孝顺的细节描写,诸如照顾父亲吐痰、吃茶、出恭等。自己身在外乡,得知自己父亲病重的时候,他说"为人子的不能回去奉侍,禽兽也不如",还说"几回自心里恨极,不如早寻一个死处"(第十五回)。虽然后来匡超人堕落了,他的孝道还是值得肯定的。

吴敬梓在《儒林外史》中描写的至孝的人物还有杜少卿。杜少卿对自己父亲已经到了痴孝的地步。小说的第三十一回中说,"但凡说是见过他家老太爷的,就是一条狗,也是敬重的"。娄老爹本是杜府太老爷的一个门客,得了病,杜少卿就把他"养在家里当做祖宗看待,还要一早一晚自己伏侍"(第三十一回)。娄老爹病危的时候,杜少卿还准备了寿器、寿衣和几十两银子送给他。本来是一个没有血缘关系的老人,就因为是自己父亲的门客,杜少卿就关怀备至,用自己最大的努力照顾他,直至生命的最后阶段。杜少卿这一形象本是带有自传色彩的人物,吴敬梓这样的描写也是他自己遵守孝道的表现。

《儒林外史》中还描写了很多孝行,这些都是作者赞美的。除了对父母之外,小说中也对一些兄弟之情做了刻画。这就是"孝悌"中的"悌"这一部分。关于兄弟之情,小说中有赞美颂扬的,

也有批评讽刺的。

　　能表现孝悌的两兄弟是余特、余持两兄弟。这两个兄弟"守着祖宗的家训,闭户读书,不讲这些隔壁账的势利"(第四十四回)。为了安葬停灵柩在家十余年的父母,余特到无为州打抽丰。在无为州的时候,州尊念旧,和余特一起私和了一个人命案,许他一百三十多两银子让他回家安葬父母。后来被官府发现,官府要捉拿余特,余持为了保护自己的哥哥,瞒着哥哥把这件官司解决了。官司完结之后余持才写信约哥哥回家。余特回来的时候问弟弟解决这场官司用了多少费用?余持却说:"这个话哥还问他怎的?哥带来的银子,料理下葬为是。"(第四十五回)后来兄弟两个人共同努力安葬了自己的父母。

　　与余特、余持两兄弟形成鲜明对比的是严贡生和严监生两兄弟。严贡生是一个口是心非,爱贪小便宜的无赖,在小说中有很多描写。严贡生自己惹了官司,潜逃在外,还是弟弟严监生帮助摆平。严监生去世之后,严贡生回家没有直接去拜祭自己的弟弟,直到看到严监生遗留给他的"簇新的两套缎子衣服,齐臻臻的二百两银子,满心欢喜",才到柩前"叫声'老二',干号了几声,下了两拜"(第六回)。在立嗣问题上,为了得到严监生的财产,强立自己的二儿子,最后把弟弟的财产全部侵吞,完全没有什么兄弟的情意。在《儒林外史》中吴敬梓把严贡生塑造成一个完全不讲孝悌的人物形象,在自己的小说中进行了讽刺和批判。

　　一正一反,一褒一贬,凸显了吴敬梓的孝悌思想。

　　(2)《儒林外史》中表现的忠恕

　　忠恕是儒家思想中重要的一部分,指的是处理人与人之间关系的原则。"忠",尽力为人谋,替人着想,故为忠;"恕",推

己及人，如人之心，故为恕。《论语·里仁》中有："子曰：'参乎！吾道一以贯之。'曾子曰：'唯。'子出，门人问曰：'何谓也？'曾子曰：'夫子之道，忠恕而已矣。'"《论语·卫灵公》篇有："子贡问曰：'有一言而可以终身行之者乎？'子曰：'其恕乎！己所不欲，勿施于人。'"儒家思想把"忠恕"作为贯通孔子学说的核心内容，是"仁"的具体表现。"忠恕"也成为具有儒家思想的人处理人际关系的基本原则之一。

在《儒林外史》中，吴敬梓塑造了一些具有忠恕品质的人物，其中就包括吴敬梓最为看重的品第最上一层的真儒虞育德。小说第三十六回中写虞育德救了一个因没钱埋葬自己父亲而欲轻生的人，虞育德不光救人性命，还拿出钱来帮助他。自己在家乡的老房子给表侄汤相公住，汤相公因为没钱，私自把房子拆买了，虞育德不但不怪他，还出三四十两给汤相公典房子住。一个姓端的监生因为赌博，被收管，虞育德把他留在书房里，"每日同他一桌吃饭。又拿出行李与他睡觉"，第二天，"到府尹面前替他辩明白了这些冤枉的事"，监生得以被释放。这位监生前去叩谢他的时候，他却说："你打了这些日子的官司，作速回家看看罢，不必多讲闲话。"

小说中描写虞育德有时候"忠恕"太过，有点痴。小说的第三十七回中通过武书的口叙述了这样一件事。虞育德监里六堂合考的时候，有一个考生把小抄夹在卷子里，送上堂去，虞育德看见后，"忙拿了藏在靴桶里"。巡视的人问是甚么东西，虞育德也给遮掩了过去。那个考生后来考中，来谢虞育德。他却推不认得，说："并没有这句话。你想是昨日错认了，并不是我。"别人问及此事，他说："读书人全要养其廉耻，他没奈何来谢我，我若再

认这话，他就无容身之地了。"在同一回中，虞育德把自己家的丫头陪给了姓严的管家，后来管家嫌在衙门里供职没有钱，要离开衙门，他不光不向管家要丫头的赎身钱，反而给了管家十两银子，让他自己食宿，还"随即把他荐在一个知县衙门里做长随"。这些事情在别人眼里都似乎是笑话，可虞育德却能做地非常坦然，这样的胸襟也不是一般人能做到的。虞育德的"忠恕"也就可见一斑了。

小说中"忠恕"的代表还有马二先生。《儒林外史》第十五回中描写洪憨仙先是用所谓的烧银之法来骗他，本打算利用他去骗别人。洪憨仙病重的时候马二先生就白天晚上地陪了两天，直到洪憨仙去世。洪憨仙死后没钱买棺材的时候，还是"马二先生有良心，赶着下处去取了十两银子来，与他们料理"。当他得知洪憨仙是个骗子的时候，还心想："他亏负了我甚么？我到底该感激他"，"当下回来，候着他装殓，算还庙里房钱，叫脚子抬到清波门外厝着。马二先生备个牲醴纸钱，送到厝所，看着用砖砌好了"。这也是"忠恕"的典型代表。

小说中的杜少卿也是"忠恕"一类人。虽然自己的钱并不多，可是只要有人随便编一个理由，就可以从他那要来钱。很多人说要日后还钱，他也不受。第三十二回中臧蓼斋将替别人买秀才的三百两银子自己补了廪，没钱还人家，就想借杜少卿卖田的钱，杜少卿明知道这是不好的，骂他"你这匪类，下流无耻极矣"，可第二天还是让人送了一箱银子去。

纵观《儒林外史》，具备"忠恕"品质的人，似乎都有些过分，有的时候真的会到好坏不分的地步。这样的人物，虽然有"忠恕"品质，可过犹不及。对此只能说是吴敬梓心目中对"忠

恕"有自己的理解，也可以看出他的内心对"忠恕"是怎样地向往与追求。

(3)《儒林外史》中表现的礼

儒家宣传的理想封建社会秩序是贵贱、尊卑、长幼、亲疏有别，要求人们的生活方式和行为符合他们在家族内的身份和社会、政治地位，不同的身份有不同的行为规范，这就是礼。"礼"是儒家思想中的一个重要组成部分。《论语·学而》中第一次提出了"礼"这一概念："礼之用，和为贵。"从这句话中可以说小到个人修养，大到国家治理，均可以用"礼"。孔子主张"道之以德，齐之以礼"（《论语·为政》）的德治，荀子在他的《礼论》中论证了"礼"的起源和社会作用。他认为"礼"使社会上每个人在贵贱、长幼、贫富等等级制中都有恰当的地位。在长期的封建社会发展中，"礼"作为重要的道德规范和生活准则，对很多人都产生了巨大的影响。

吴敬梓出生在一个讲究礼仪的大家族里，对于"礼"的熏陶自然不少。吴敬梓对于"礼"的尊崇贯穿于他的学术研究和文学创作中。《儒林外史》中也有很多地方能够反映出吴敬梓对"礼"的重视。

小说中吴敬梓思想中的"礼"主要体现在泰伯祠大祭上。在小说的第三十七回中，重视礼乐的名贤迟衡山提出来修建和祭祀泰伯祠，主要的目的在于"借此大家习学礼乐，成就出些人才，也可以助一助政教"。在现实生活中吴敬梓就有卖老屋支持修建和祭祀先贤祠的行为。在小说中，他更是用很大篇幅来描写修建、祭祀泰伯祠的前前后后。把祭祀时候的隆重庄严、参加人数之多、过程的繁琐等等都做了细致的交代，可以看出吴敬梓思想中"礼"

的重要地位以及对"礼"的推崇。

　　在小说中"礼"也是衡量一个人物高下的重要标准，小说中塑造的庄绍光就是一位遵从"礼"、讲究"礼"的真儒。庄绍光本看淡功名富贵，小说的第三十四回中说他是一个"闭门著书，不肯妄交一人"的人，但是当朝廷征召他入京的时候，他却一反常态要去，对此，他说："我们与山林隐逸不同，既然奉旨召我，君臣之礼是傲不得的。"见到了皇上之后，虽然明白"我道不行"，但还是尽心"把教养的事，细细做了十策，又写了一道'恳求恩赐还山'的本，从通政司送了进去。"（第三十五回）在参与泰伯祠祭祀的时候，他也恪尽职守，将泰伯祠所行的礼乐商订得端端正正。小说中的庄绍光是吴敬梓肯定的人物，这样的人物身上必定有崇礼的特点。除了这样的真儒，下层社会的人中也有崇礼的代表。《儒林外史》中塑造了一个伶人鲍文卿的形象，这个人物身上最大的特点就是对"礼"的遵守。鲍文卿本是一个伶人，因为崇敬向知县的文才，帮助其躲过了一场官司。当向知县向他表示感谢的时候，鲍文卿断然不肯接受，不和向知县平起平坐，向知县向他敬酒，他却"跪在地下，断不敢接酒；叫他坐，也到底不坐"，最后还是和向知县的管家陪他才罢。表现了鲍文卿心中"君君、臣臣、父父、子子"（《论语·颜渊》）的为人之礼。看见钱麻子和黄老爹穿着当时士子衣服的时候，鲍文卿表示反对，"像这衣服、靴子，不是我们行事的人可以穿得的。你穿这样衣裳，教那些读书的人穿甚么？""老爹这个体统，岂止像知府告老回家，就是尚书、侍郎回来，也不过像老爹这个排场罢了！"（第二十四回）从这些言行可以看出这样的小人物也非常尊崇和维护"礼"的。鲍文卿是社会上地位不高却被吴敬梓赞颂的小人物，主

要还是对他身上"礼"的认可，也是作者对"礼"的看重。

（4）《儒林外史》中表现的仁

"仁"是儒家思想中的核心部分，孔子把"仁"作为最高的道德原则、道德标准和道德境界。他第一次把整体的道德规范集于一体，形成了以"仁"为核心的伦理思想结构，它包括孝、悌、忠、恕、礼、知、勇、恭、宽、信、敏、惠等内容。关于"仁"的解释，《论语·雍也》中说："己欲立而立人，己欲达而达人。"《论语·颜渊》中说："克己复礼为仁。"《孟子》中说"以德行仁者王。"虽然关于"仁"的阐述不尽相同，但是在《儒林外史》中吴敬梓是把"仁"作为一种为政的方法提出来的。

在《儒林外史》第一回中，吴王提出来的："浙人久反之后，何以能服其心？"王冕以仁为中心，提出了自己的治国主张，道："若以仁义服人，何人不服？岂但浙江。若以兵力服人，浙人虽弱，恐亦义不受辱，不见方国珍么？"这里提出来的"以仁义服人"的主张，就是儒家所倡导的"为国以礼"（《论语·先进》）。儒家倡导行仁义、兴礼乐来实现对国家的统治。

孔子在《论语·颜渊》中说："一日克己复礼，天下归仁焉。"《儒林外史》中塑造的真儒庄绍光、虞育德、迟衡山、杜少卿等都是想通过兴礼乐来实现其"仁"的思想。小说第三十四回中杜少卿有一段关于娶妾的评论："娶妾的事，小弟觉得最伤天理。天下不过是这些人，一个人占了几个妇人，天下必有几个无妻之客。小弟为朝廷立法：人生须四十无子，方许娶一妾；此妾如不生子，便遣别嫁。是这等样，天下无妻子的人或者也少几个。也是培补元气之一端。"这段话虽然是针对娶妻妾的事情而发，但也是吴敬梓心目中关于"仁政"的理解之一。迟衡山真正明白杜少卿的用

心所在，道："宰相若肯如此用心，天下可立致太平！"

儒家思想中的以孝、悌、忠、恕、礼等为表现形式的"仁"在小说中得到了充分地体现。这样的结果是吴敬梓思想中儒家思想占据主导地位导致的。反过来，我们从《儒林外史》这部小说中也可看出吴敬梓的儒家思想。

（二）魏晋风尚

魏晋六朝是中国封建社会比较特殊的一个时期，这一时期儒家思想的独尊地位开始松动，思想界开始出现了解放的趋势，这一时期文人不满社会的黑暗和世俗的妄伪，以阮籍、嵇康为代表的竹林七贤等一些魏晋名士开始"弃经典而尚老庄，蔑礼法而崇放达"（《日知录·正史》）。这一时期的文人名士人格思想行为极为风流萧散、不滞于物、不拘礼节。士人们多独立特行，又颇喜雅集，即所谓的魏晋风度。魏晋风度后来成为很多不愿意走封建正路的文人仰慕的一种风尚。吴敬梓虽然从小就受到了正统儒家思想的教育，但是由于博览群书，也由于他自身的性格特点，对魏晋风尚极其仰慕，应该说，在吴敬梓的思想中，除了儒家思想，魏晋风尚的影响也是非常大的。

1. 吴敬梓追慕魏晋风尚的原因及表现

吴敬梓从小就比较喜欢六朝的文史著作，加之他的个性特点和人生的经历，使他慢慢有了魏晋名士的那种精神追求。

吴敬梓早年就接触到了很多魏晋的作品。程晋芳在《文木先生传》中说他"其学尤精《文选》，诗赋援笔立成"，他还把吴敬梓和魏晋名士联系起来，在《寄怀严东有》中，程晋芳这样说：

敏轩生近世，而抱六代情；
风雅慕建安，斋栗怀昭明。
囊无一钱守，腹作乾雷鸣。
时时坐书牖，发咏惊鹍庚。
阿郎虽得官，职此贫更增。
近闻典衣尽，灶突无烟青。
频蜡雨中屐，晨夕追良朋。
孤棹驶烟水，杂花拗芳馨。
惟君与独厚，过从欣频仍，
酌酒破愁海，觅句镂寒冰。
西窗应念我，余话秋镫青。

诗中的"六代"指的是魏晋六朝，从这首诗中可以看出，吴敬梓仰慕魏晋六朝的道德和文章，希望能像阮籍、嵇康那样蔑视礼教，不拘世俗，非常洒脱地吟诗作对。

吴敬梓的一生中有两次重要的人生经历，促使他开始慢慢追慕魏晋风尚。

吴敬梓本来出生在一个儒家思想非常浓厚的诗礼之家，他从小接受的也是儒家的正统教育，但他生性豪爽，不重钱财。程晋芳在《文木先生传》中就说他"性复豪上，遇贫即施"。他的父亲死后，吴敬梓遭遇到了家庭财产的纷争，族人夺产对吴敬梓的打击非常大。全椒吴家一直是以诗礼传家的，可也发生了这样丑陋的事情，这是吴敬梓一时接受不了的。面对这样的家族突变，他转而为一种消极的态度处之。在移家南京之前，吴敬梓越发地愤

吴敬梓

世嫉俗，放荡不羁，这些都只是外表而已，其实此时吴敬梓的内心是非常痛苦的。这段时间他一直过着"寄闲情于丝竹，消壮怀于风尘"（《移家赋》）的日子。没多长时间就把家产挥霍一空，"田庐尽卖，乡里人传为子弟戒。年少何人，肥马轻裘笑我贫"（《减字木兰花·庚辰除夕客中》），世俗舆论的压力，让吴敬梓在全椒再也待不下去，毅然决定移家南京。

从被夺产，到移家南京，吴敬梓深深体会到了什么叫世态炎凉，开始认清了诗礼人家的虚伪和狡诈，也对自己周边这些所谓名士的道貌岸然有了了解。越是有这样的认识，吴敬梓越是不喜欢、直至厌恶，别人也最终认为吴敬梓是"文章大好人大怪"，其实这些就是吴敬梓以"自然"来对抗科举、对抗名士而已。

移家南京以后吴敬梓参加博学鸿词科考试，愈发地坚定了他追慕六朝风尚的决心。乾隆元年（1736年），博学鸿词科考试对吴敬梓思想的变化起到了一定的作用。这一次的考试几乎是吴敬梓最后一次入仕的机会，前两次的预考吴敬梓已经顺利通过，可是最后一次廷试，吴敬梓却因病未能参加。应该说身体不适只是未能参加考试的一个方面。另外一个原因，也是年届不惑之年的吴敬梓对科举考试的怀疑和慢慢认清。参加考试的时候吴敬梓已经三十六岁了，一次一次的考试，一次一次的落第，让他历经磨难，加之周围亲友的经历，让吴敬梓对科举考试越来越不相信，慢慢地放弃了对科举考试的幻想。这次放弃取得功名的机会，是吴敬梓思想的一次重大转折。如果说之前由于儒家思想的影响，吴敬梓对魏晋风尚还有所保留的话，那么，博学鸿词科考试之后，他对魏晋风尚的追慕就更加彻底了。

吴敬梓移家南京，也是其追慕魏晋风尚的一个表现。移家南

京，除了是对自己家乡不容自己的愤怒之外，更多的是对南京这个六朝古都的向往之情。南京是一个具有浓郁文化气息和厚重历史文化的地方，吴敬梓对六朝风尚的向往，必然会来这个地方，其实在这里吴敬梓更多的是想唤起六朝的文采风流。

吴敬梓的好友吴蒙泉在《满江红·除夕和敏轩韵》中有这样的描述："钟阜秦淮，喜坐啸六朝名郡，仿佛见，旧时王谢，风流东晋。"吴敬梓等文人奔南京而来，更多的是想追求往昔的风流余韵。在《移家赋》中吴敬梓这样描写南京："金陵佳丽，黄旗紫气……实历代之帝都，多昔人之旅寄，爱买数椽而居，遂有终焉之志。"南京除了具有六朝余韵之外，也是一个繁华之地，吴敬梓在《儒林外史》第二十四回中借着鲍文卿之口，对南京的繁华大加赞美一番：

这南京乃是太祖皇帝建都的所在，里城门十三，外城门十八，穿城四十里，沿城一转足有一百二十多里。城里几十条大街，几百条小巷，都是人烟凑集，金粉楼台。城里一道河，东水关到西水关足有十里，便是秦淮河。水满的时候，画船箫鼓，昼夜不绝。城里城外，琳宫梵宇，碧瓦朱甍，在六朝时是四百八十寺，到如今，何止四千八百寺！大街小巷，合共起来，大小酒楼有六、七百座，茶社有一千余处。不论你走到一个僻巷里面，总有一个地方悬着灯笼卖茶，插着时鲜花朵，烹着上好的雨水，茶社里坐满了吃茶的人。到晚来，两边酒楼上明角灯，每条街上足有数千盏，照耀如同白日，走路人并不带灯笼。那秦淮到了有月色的时候，越是夜色已深，

吴敬梓

更有那细吹细唱的船来，凄清委婉，动人心魄。两边河房里住家的女郎，穿了轻纱衣服，头上簪了茉莉花，一齐卷起湘帘，凭栏静听。所以灯船鼓声一响，两边帘卷窗开，河房里焚的龙涎、沉速，香雾一齐喷出来，和河里的月色烟光合成一片，望着如阆苑仙人，瑶宫仙女。还有那十六楼官妓，新妆袨服，招接四方游客。真乃朝朝寒食，夜夜元宵。

小说中还把南京作为故事发生的主要地点。吴敬梓心目中的许多理想人物，绝大多数都到过南京。如早年就入居南京的庄绍光、迟衡山，后来流寓南京的杜少卿、沈琼枝、还有到南京做官的虞育德、萧云仙，还有一些在南京出生的名士。小说第三十二回刘太爷去世的时候还对杜少卿说："南京是个大邦，你的才情到那里去，或者还遇着个知己，做出些事来。"把南京看成一个有识之士聚集的地方，也是能够就成大事的地方。小说中最重要的事情泰伯祠祭祀也发生在南京。

无论是现实中吴敬梓移家南京还是小说中南京的重要地位，吴敬梓对南京的情有独钟实在与南京的文采风流、繁花似锦密不可分。

移家南京之后的生活，吴敬梓在《移家赋》中有这样的话：

常扪虱而自如，乃送鸿而高视。
吊六代之英才，忽怆焉而陨涕！

"扪虱而谈"正是魏晋名士放荡不羁的代表行为。嵇康《赠秀

才入军》第十四首有"目送归雁，手挥五弦。俯仰自得，游心太玄。"送鸿而高视也是魏晋名士超逸玄远性格特征的表现。移家南京之后，吴敬梓的生活一直比较困顿，很多时候还得倚靠朋友资助度日，可即使这样，吴敬梓依然"饮酒歌呶，未尝为来日计"，"乃移居江城东之大中桥，环堵萧然，拥故书数十册，日夕自娱。窘极，则以书易米。或冬日苦寒，无酒食，邀同好汪京门、樊圣口（应为谟）辈五六人，乘月出城南门，绕城堞行数十里，歌吟啸呼，相与应和，逮明，入水西门，各大笑散去，夜夜如是，谓之'暖足'"（程晋芳《文木先生传》）。这样的生活实际上就是吴敬梓追随魏晋风流，清高脱俗的表现。

  魏晋风度对吴敬梓的影响除了反映在他移家南京之后的生活上，在他的诗文中也有所体现。他的诗赋中或明或暗地援引六朝的人物多达几十人，诸如曹氏三父子、建安七子、竹林七贤、左思、潘岳、陆机、陆云、谢安、谢玄、王导、沈约、江总等。在诸多的六朝文士之中，吴敬梓最为钦佩的当属竹林七贤中的阮籍和嵇康。在吴敬梓的诗文中曾多次提及二人。吴敬梓也经常以阮籍自比，表达对阮籍的景仰，《移家赋》中"阮籍之哭穷途，肆彼猖狂"，通过阮籍的遭遇来引发他的身世之感。经常与朋友一起"佯狂忆步兵"（吴培源《辛酉正月上弦与敏轩联句》），还"嗜就嵇中散"（《春兴八首》）。金两铭在《和诗》中还说："乌衣门第俱依旧，止见阮氏判南北。"用阮籍来比喻吴敬梓。吴敬梓后来搬到秦淮水亭，与朋友一起欢宴，在创作的《买陂塘》中说：

  身将隐矣。召阮籍嵇康，披襟箕踞，把酒共沉醉。

对阮籍和嵇康一直念念不忘。阮籍、嵇康是魏晋名士的代表，阮籍早年好诗书，他本来也有济世的志向，但是魏晋政治环境的险恶让阮籍的抱负不得实现，故他开始接受老庄思想，对现实采取消极的态度，表现出来的便是佯狂放诞。嵇康为人洒脱，不拘小节，却嫉恶如仇。这两个人都是对社会现实的不满激而为愤世嫉俗、落拓不羁。这样的状态和吴敬梓对现实的状态是一样的，阮籍和嵇康也就自然而然地能引起吴敬梓思想上的共鸣，故吴敬梓的作品中多次提及他们二人。

魏晋风尚对吴敬梓文学的影响，不仅体现在其诗文中对阮籍、嵇康等人物的偏爱上，也体现在他诗文的内容和特点等方面。

魏晋南北朝文学是中国文学史上非常重要的一个阶段，在这段时期内，诗文的发展取得了很大的成就。这一时期五言、七言诗都得了长足的发展，尤其是南朝时期对诗歌形式美的追求，对后来近体诗的诞生起到了决定性作用。吴敬梓的诗歌接受了魏晋诗歌形式美的特点，他的诗歌形式多样，最大的特点是"如出水芙蓉，娟秀欲滴"（黄河《文木山房集序》），用典故繁复，语言秀美。

除了诗歌，魏晋时期赋的创作也取得了较大的成就，这一时期著名的赋有曹植的《洛神赋》、王粲的《登楼赋》、左思的《三都赋》、陆机的《文赋》、潘岳的《秋兴赋》等等。吴敬梓对魏晋六朝的风尚非常钦慕，对这一时期的文学作品也有研究。《文木山房集》中共存赋四篇。其中最好的当属无数次提到的《移家赋》。这篇赋中除了涉及很多魏晋时期的人物之外，还经常化用这一时期文人赋中的句子。总之诗文内容和特色方面受魏晋文学的影响偏大，关于吴敬梓的诗文特点，将会在下一章有详细的阐述，

兹不赘述。

从上面的论述可以知道，吴敬梓对魏晋风度的追慕也是一个渐变的过程，他在阅读中接触到的一些魏晋风流，这些阅读与自己的经历和磨难结合起来，在他的思想中慢慢产生作用。另外，吴敬梓个性狂放、洒脱，这也他追慕魏晋风尚的一个主要原因。总之，魏晋风尚对吴敬梓思想的影响是比较大的。

2. 《儒林外史》中吴敬梓追慕魏晋风尚的表现

从吴敬梓的诗文中可以看到他对魏晋风尚的追慕，其实，最能体现吴敬梓魏晋思想的是《儒林外史》。

魏晋风度崇尚的是一种超然脱俗，摒弃琐碎的俗事、外在的功名，追求的是一种内在的风俗神韵，强调的是内在的人格的觉醒和追求，外在的表现就是恣意任性，有自己的性格特点。

《儒林外史》中能够用来隐括全文的王冕就是这样的一个人物，在小说中，吴敬梓把王冕塑造成为一个近乎完美的形象。王冕讲究仁义和孝道，这些是作者儒家思想的一个体现，除了这些，王冕身上还具备六朝风尚的特点。

王冕是一个性情非常闲适、随性的人。母亲让他给别人家放牛，他就去放牛，在放牛的同时他也没有意志消沉，而是在生活中寻找自己的乐趣。小说的第一回中有这样的一段话：

> 那日正是黄梅时候，天气烦躁，王冕放牛倦了，在绿草地上坐着。须臾，浓云密布，一阵大雨过了。那黑云边上镶着白云，渐渐散去，透出一派日光来，照耀得满湖通红。湖边上山，青一块，紫一块，绿一块。树枝

上都像水洗过一番的，尤其绿得可爱。湖里有十来枝荷花，苞子上清水滴滴，荷叶上水珠滚来滚去。王冕看了一回，心里想到：古人说"'人在画图中'，其实不错。"

这一段话，尤其细腻生动地描写了雨后荷花，含着露珠的荷花不仅使王冕爱上了自然，也是王冕高洁人格的真实写照。

这样品性的人自然也会偏爱出淤泥而不染的荷花，于是，王冕就开始学画荷花。他每天画几笔画，读读古人的书，生活地非常惬意、自然。不满二十岁就学问满腹，但他终日闭门读书，"既不求官爵，也不交纳朋友"（第一回）。他仿照屈原的样子，峨冠博带地带着母亲出行，别人笑他，他也全然不放在心上。当时的权贵危素和时知县想要笼络他的时候，他就推辞，甚至逃到济南躲避。在卖画为生的时候，几个俗财主要买他的画，他觉得是玷污了他的作品，就画了个大水牛在那里，又题了诗进行嘲讽。后来朱元璋得天下，要他去做官，他却隐姓埋名躲到了会稽山中。比一般的贤人又多了几分隐逸高士的意味。

王冕这一形象代表的是吴敬梓心中的理想人格。他的言行与当时的趋炎附势，投机钻营，一心追求功名富贵的社会风气形成鲜明的对比。王冕不落俗套，既不为富贵左右，也不为权贵所屈，生活地清高自守，散淡自然，这正是魏晋六朝文人旷达洒脱的精神表现。

在《儒林外史》的正文中，也塑造一个具有六朝风气的人物形象——虞育德。虞育德被视作是这部小说的第一人，也是小说中的第一等真儒。小说第三十六回中杜少卿对他的评价是"襟怀冲淡，上而伯夷、柳下惠，下而陶靖节一流人物"。伯夷和柳下惠

在《孟子》中与孔子等都被称为圣人。他们代表的就是"不屈其意，不累其身"（杨雄《法言·渊骞》）的高洁之士。"柳下惠，圣之和者也"（《孟子·万章下》），如果做官，他就尽职尽责，即使做小官，也不以为耻。不被重用，身处困厄，他也不埋怨，胸襟扩大，随遇而安。"伯夷，圣之清者也"（《孟子·万章下》），周武王灭商，他不食周粟，采薇充饥，最后饿死在首阳山。陶靖节即陶渊明，是中国隐逸诗人的代表，他用他的田园诗表达了自己淡泊、清净的生活和思想。为了养家糊口，他可以出仕，但不为五斗米折腰，亦可以回家耕田，但心境一直都是恬静的。他吸取了道家人格独立，个性张扬的积极内心，表现出来的即是朴素真淳、平淡冲和，成为后代很多文人理想的人格范式。陈寅恪在《陶渊明之思想与清淡之关系》一文中指出他"惟求融合精神与运化中，即与大自然为一体……实外儒而内道。"小说中的虞育德身上既有柳下惠的影子，也有陶渊明的影子。

在《儒林外史》中的虞育德是一个不看重外在功名富贵，而要求有内心人格的真儒。他的"襟怀冲淡"表现在很多方面。能进学就进学，为了养家糊口就开始坐馆。钱多也不喜，钱少也不慌，就是一派淡然的样子。小说第三十六回中记载了一段他和他妻子的对话：

> 虞博士到三十二岁上，这年没有了馆。娘子道："今年怎样？"虞博士道："不妨。我自从出来坐馆，每年大约有三十两银子。假使那年正月里说定只得二十几两，我心里焦不足，到了那四五月的时候，少不得又添两个学生，或是来看文章，有几两银子补足了这个数。

吴敬梓

假使那年正月多讲得几两银子，我心里欢喜道："好了，今年多些。"偏家里遇着事情出来，把这几两银子用完了。可见有个一定，不必管他。"

齐省堂本在这个地方评曰："悟到此理便是学问已深。"遇到什么事情都坦然面对，不急不躁。不仅如此，他还是一个讲究原则，光明磊落之人。他的朋友尤资深想建议别人举荐征辟虞博士，然后再让虞博士辞征辟，以显示他是高人。虞博士认为如果去求别人征辟，就是没有品行，还说："这便求他荐不是真心，辞官又不是真心。这叫做甚么？"坚决反对这样的事情。后来他中了进士，别人都在年纪上弄虚作假，可他却不虚报年纪，最后因为年纪太大而补了一个南京的国子监博士之职。虽然官职不高，可他却很开心。"南京好地方，有山有水，又和我家乡相近。我此番去，把妻儿老小接在一处，团圞着，强如做个穷翰林。"（第三十六回）虞育德这些言行和不为五斗米折腰的陶渊明同出一辙，这样的人物身上体现的就是魏晋六朝时期心怀淡定，不为外事羁绊的特点。

《儒林外史》中最能体现吴敬梓对魏晋风尚追慕的就是带有自传色彩的杜少卿。在小说塑造的四个真儒中，杜少卿并不是最有学识，襟怀最为冲淡的，但却是四个人当中最为特立独行，最为潇洒风流的人物。他的言行最能体现魏晋的清爽飘逸、放荡不羁。

在俗人的眼里，杜少卿是不被理解的。小说在他还未出场的时候，他的表兄杜慎卿就这样评价他：

伯父去世之后，他不上一万银子家私，他是个呆子，

自己就像十几万的。纹银九七他都认不得，又最好做大老官，听见人向他说些苦，他就大捧出来给人家用。

家仆王胡子这样说杜少卿：

　　我家这位少爷也出奇！一个娄老爹，不过是太老爷的门客罢了，他既害了病，不过送他几两银子，打发他回去。为什么养在家里当做祖宗看待，还要一早一晚自己伏侍？（第三十一回）

这两个人对杜少卿的评价能够代表很多世俗之人对他的看法，从这段评价可以看出，在很多俗人眼里，他就是一个呆子，不知道怎样过活，完全是一个败家子的形象。这些人对他的不仅是不理解，甚至有些鄙薄的意味。

但是对于世俗之人的看法，杜少卿是不放在心上的。他就是要追求自己的完全自由，不顾忌别人的看法。在小说的第三十三回中杜少卿夫妇游山的情景更是让很多人不能理解。

　　这日杜少卿大醉了，竟携着娘子的手，出了园门，一手拿着金杯，大笑着，在清凉山冈子上走了一里多路。背后三四个妇女嘻嘻笑笑跟着，两边看的人目眩神摇，不敢仰视。

这样惊世骇俗的举动，在封建社会是怎样的大胆无礼，难怪旁边的人都不敢仰视。虽然在别人看来这样的举动是如此不可想

象，但是杜少卿却能自然地做出来。根本原因是他对世俗和常礼的不在乎，他在乎的只是自己内心的想法和意愿。

率性而为是杜少卿的一个特点，他还是一个非常仗义，豪气的人。县官王老爷因事丢了官，没有人借房子给他住，杜少卿听了这样的话，就要借自己家的花园给他住。朋友臧蓼斋问他："你从前会也不肯会他，今日为甚么自己借房子与他住？况且这事有拖累，将来百姓要闹他，不要把你花园都拆了？"杜少卿却坦然地说："至于这王公，他既知道仰慕我，就是一点造化了。我前日若去拜他，便是奉承本县知县，而今他官已坏了，又没有房子住，我就该照应他。"（第三十二回）杜少卿就是这样讲究仗义。在他的身上，这种仗义更多的是他一种逆潮流而上的叛逆特点。另外，杜少卿对钱财的不屑，也是他"平居豪举"的一种体现。杜少卿是一个清高脱俗之人，对钱财的态度更是洒脱，谁要是有什么困难找到他，他就会给予帮助，甚至卖田卖房的钱给别人也毫无吝啬，对于接济的对象也不分贤良与否，只要需要就给。第三十三回中，家仆王胡子见杜少卿已经没有什么余钱，就拐了二十两银子跑掉了，杜少卿也是付之一笑而已。他视钱财如粪土，对钱财的态度正体现了魏晋名士不为外物所累，不羁于富贵贫贱的特点。终于最后金钱散尽，过着布衣蔬食，寄情于山水的生活。

看淡金钱是杜少卿通脱、豪放的一个表现，另一个表现是对功名的淡泊。以他的才学，想要谋得一官半职也不是不可能的事，但是他却不认同，他"不喜欢人在他跟前说人做官，说人有钱"（第三十一回），社会中一般的名士把被举荐当做非常荣耀的事，而他却退却了李巡抚的荐举，理由是"麋鹿之性，草野惯了"。后来想方设法，甚至装病辞绝："治晚不幸大病，生死难保，这事

断不能了。总求老父台代我恳辞。"别人求之不得的事情，退却决然拒绝。就是要"逍遥自在，做些自己的事"，他的妻子问他为什么不去做官，他劝慰到："你好呆！放着南京这样好玩的所在，留着我在家，春天秋天，同你出去看花吃酒，好不快活！为甚么要送我到京里去？"（第三十四回）

杜少卿摆脱了钱财俗事的羁绊，冲破了功名富贵的牢笼，剩下的就是做一些自己想做的事，在秦淮河房，他与一些和自己志同道合的人宴饮，"将河房窗子打开了。众客散坐，或凭栏看水，或啜茗闲谈，或据案观书，或箕踞自适，各随其便"（第三十三回）。杜少卿既尊重自己的个性，也尊重别人的个性。

《儒林外史》中表现吴敬梓对六朝风尚的还有小说第五十五回中描述的四位市井奇人。这四个人过的都是一种"天不收，地不管"（第五十五回）的生活。善于书法的季遐年能够自创一体，随着自己的性子做事，喜欢的人就会给写字，不愿意的话"任你王侯将相大捧的银子送给他，他正眼儿也不看"（第五十五回）。他以卖字为生，除了吃饭的钱，剩下的钱随便就给了不相识的穷人。好下棋的王太，自己的棋艺高超，却不显山露水，赢了别人后，哈哈大笑，头也不回地就走了。开茶馆的盖宽，情趣高雅，自己慢慢陷入困顿也不以为意。裁缝荆元，从事着别人眼中低贱的职业，却依然弹琴、写字，不与所谓的读书人结识。这四个奇人共同的特点是他们都是生活在社会底层的市井小民，从事着卑微、低贱的职业，既没有钱也没有权，但他们不汲汲于富贵，也不戚戚于贫贱，他们都有着志趣高雅的追求，过着无拘无束的生活。

在《儒林外史》中，吴敬梓对魏晋六朝风尚的追慕，还体现在对仕与隐的关系处理上。关于仕和隐一直是困扰文人的矛盾之

吴敬梓

一。《论语·泰伯》中就说："天下有道则见，无道则隐。"汉末以来，随着社会的混乱和道家思想的抬头，隐逸之风也盛兴起来。到了魏晋六朝以来，隐逸已经成为高洁的代表。开始出现了"明教"和"自然"的对抗。以阮籍和嵇康为代表的魏晋名士用"自然"来对抗"明教"，以任性不羁，不拘礼俗来作为突破明教的一个手段。这就是嵇康所标榜的"越明教而人任自然"。受到六朝文学侵染，加之自己经历的种种，使得吴敬梓也慢慢接受并追求隐逸。吴敬梓因病辞去征聘后，"日惟闭门种菜"（顾云《盋山志》卷四），正如他自己所说的"亦有却聘人，灌园葆贞素"（《左伯桃墓》）。小说中王冕是一个具有隐逸情怀的高远之士，虞育德、杜少卿、庄绍光、迟衡山等真儒共同的特点都是看不惯官场的作为，想方设法摆脱世俗的扰攘。五十五回中描述的四位市井奇人就彻底摆脱了世俗的困扰，即使生活在市井之中，但却能用一种淡泊宁静的心态，固守着自己的精神家园。书中的这几位具备作者心目中理性范式的人物都在仕与隐中选择了隐。

吴敬梓对隐逸的颂扬出于两方面原因。一方面是对丑恶世俗的厌恶，对黑暗政治的回避。另一方面是为了称颂能够摒弃八股、淡泊名利的思想，这与倡导"文行出处"，反对功名富贵相统一。

以上的论述都可以证明程晋芳对吴敬梓的那句评价"敏轩生近世，而抱六代情"（《寄怀严东有》三首其二）。通过这样的分析，可以窥见吴敬梓思想中除了根深蒂固的儒家思想之外，还有对魏晋六朝风尚的追慕。这样能够更好地理解他思想的复杂性，对我们更好地理解他的作品和他这个人也大有裨益。

(三) 明清实学

吴敬梓的思想中不仅有从小就接受的儒家思想，青少年时期追慕的魏晋六朝风尚，而且也接受了一些明清时期的时代思想。

明清是中国封建社会最后两个王朝，这一时期，不但阶级矛盾和民族矛盾异常激烈，思想界和文化界也异常活跃。一方面，农民起义加速了明王朝的灭亡。随着明朝灭亡，清朝的建立，阶级矛盾和民族矛盾交织在一起，出现了翻天覆地的变化，另一方面，在思想文化领域，作为维系封建专制统治意识形态的程朱理学，随着封建社会的衰落而日显腐朽，失去了它的权威性、经典性，因此，地主阶级中的一些进步思想家发出了改革腐败政治，批判腐朽理学的呼声。这一时期的思想家对秦汉以来的文化传统和价值观念进行了深刻地反思和批判，旧的传统的思想观念和先进的价值观念在这一时期发生了猛烈的碰撞，整个思想界和整个社会都在面临着新的、更大的变化。

明代在建国初期还是倡导宋元理学，前期是以程朱为代表的唯心主义理学占上风，中叶以后是以陆王为代表的主观唯心主义理学占上风，不管是那一种理学，都是空谈，不宜于治国安邦。明代中叶之后，随着封建制度的日趋没落，理学也慢慢地成为严重脱离现实的无用之学，对当时文学界产生了很多不好的影响。于是，从明代中后期开始，在批判宋明理学的同时，产生了一股与之抗衡的实学思想，这一思想最主要的特点就是：尚真反伪，崇实黜虚。突破程朱，倡导"实"学，成为当时思想文化界的新潮流。代表明清之际思想领域新潮流的一批进步思想家有黄宗羲、顾炎武、方以智、王夫之、傅山等等。他们对程朱陆王唯心主义

学说进行了沉痛的批判，大力倡导"经世致用"的思想。兴实学，破程朱，在本质上是对封建意识形态的冲击和突破，因此，新思潮受到了封建统治阶级的镇压。随着政局的稳定，清王朝仍将理性化、神秘化的儒学即程朱唯心主义理学作为他们巩固统治的思想工具。但是，新思潮毕竟反映了时代发展的需求，为进步思想家所接受和发展。颜元以"虽百千年同迷之局，我辈亦当以先觉觉后觉"（《颜习斋先生言行录》卷下）的历史责任感，继承了新思潮"经世致用"的特点，以最鲜明和最激烈的言辞尖锐抨击了程朱理学，并形成了超过前人的有自己特色的思想体系。可以说，颜李学派既是十七世纪兴起的"经世致用"的"实学"新思潮的产物，又是这股新思潮的继承者和推动者。

颜元（1635—1704），字习斋，生活在明末清初，是一位唯物主义思想家。他标志"六艺之学"，道艺兼习，文武并重，其思想别具特色，自成一家。颜元曾经深受理学影响，二十四岁时得陆王语录，喜而笃学之。二十六岁时见周程张朱之书，又转宗程朱，屹然以道自任。到了三十四岁，对理学产生了怀疑，思想发生转变。颜元思想转变后，离开程朱，不是回到陆王，而是走向彻底反理学的道路。他的思想体现了理学思想，阐述了自己的理论观点，并进而逐步形成其"实文、实行、实体、实用"的实学思想体系。

李塨（1659—1733）字恕谷，是颜元的学生，二十一岁起便师从颜元，承习斋之教，可谓是颜元学术思想的直接继承者和传播者，所以时称"颜李学派"。李塨继承师说，也对理学的空疏无用作了揭露，他指出："承南宋道学后，守章句，以时文应比，高者谈性天，纂语录，卑者疲精敝神于八股；不唯圣道之礼乐兵

农不务，即当世刑名钱谷，懵然罔识，而搦管呻吟，遂曰有学。"（《恕谷后集》卷九《书明刘户郎墓表后》）颜李学派批评宋明理学的空疏，崇尚实学，倡导的是"实习、实讲、实行、实用"，在当时社会产生了很大的反响。

1. 吴敬梓接受明清实学的原因

吴敬梓生于康熙十四年（1701年），卒于乾隆十九年（1754年），他的一生经历了康熙、雍正、乾隆三朝，这一时期正是思想界发生巨大转变的时期，是明清时期的进步思潮开始向乾嘉汉学思想逐渐过渡的时期。这一时期进步思想对吴敬梓产生了很大的启发。明代末期李贽等人对理学的批判，清代初期顾炎武、黄宗羲、王夫之等人倡导经史，提行经世致用的思想，以及后来颜李学说中关于"礼乐兵农"的学说，都对吴敬梓产生了深远的影响。

从地理环境来看，吴敬梓一生都生活在以安徽和江苏为中心的江浙地区，而这一地区正是明清时期经济最为繁华，文化最为发达，思想最为活跃的地方。许多的文学家、思想家、哲学家都诞生于这里，不同学派、不同思想也都在这里交杂、沟通、竞争。清代初期顾炎武、黄宗羲等人的学说，就是以江浙地区为中心慢慢遍及全国的。吴敬梓三十三岁的时候移家南京，这个六朝古都是各种先进思想风起的地方，吴敬梓生活在这里，也必然受到这些思潮的影响。

吴敬梓青年时期，颜李学说已经传到了江南，并广为流传，在这样的背景下，吴敬梓对颜李学说或多或少都有所接触。吴敬梓之所以能够认知并接受颜李学说也是有其它的原因的。

全椒的吴氏和李塨有着非同寻常的关系。吴敬梓的曾祖父吴

吴 敬 梓

国对任顺天学政时，于康熙十六年（1677年）主持府院试，将当时十九岁的李塨录取为县学生员第一名。吴国对对李塨及其文章非常喜欢，并积极扩大其影响，这一时期吴敬梓当会从自己的曾祖父那里听说过李塨。另外吴敬梓的长子吴烺曾师从刘湘煃学历算之学，刘湘煃的《答历算十问》即为吴烺而作。刘湘煃是宣城梅定九弟子，也是李塨的门生，因而吴烺应该算是李塨的再传弟子，从吴烺那里吴敬梓也会接触到颜李学派的思想。还有吴敬梓的好朋友程廷祚，年轻的时候就向往颜李学说，曾经写信给李塨表达自己对颜李学说的崇拜，说自己拜读了颜元、李塨的著作之后，"始知当世尚有力实学而缵周、孔绪之燕赵间者"（程廷祚《青溪文集续编》卷五）。程廷祚中年之后，主要从事的是经学的研究，虽然是考证经史，但仍然肯定颜李学派强调实学的思想。吴敬梓与程廷祚友谊极深，又经常交往，交流思想，讨论学问。因而，从程廷祚那里，吴敬梓也会接触到颜李学说。除了程廷祚之外，他的同族晚辈程晋芳对吴敬梓的思想也是有一定的影响。程晋芳比吴敬梓小十七岁，也是吴敬梓的挚友。程晋芳是当时经济学界有影响的人物。由于受到程廷祚的影响，他也接受颜李学说的一些思想。他认为"颜李之学主于切实，指近于日用事物之间，如眉之着目，而于存诚尽性之旨，亦直截无纠葛，信可以补程朱所不及"（程晋芳《勉行堂文集》卷三）。程晋芳虽然固守程朱理学，但是也强调经世致用的思想，因而对好友吴敬梓也产生了一定的影响。吴敬梓在南京结识的刘著也是颜李学说的信徒，他不仅是吴敬梓的好友，也是吴敬梓的长子吴烺的老师，这多少也会对吴敬梓的思想产生直接或间接的影响。从以上的这些论述可以看出，吴敬梓有很多机会接触了颜李学说，那么必然会受到

这一学说的影响。

另外吴敬梓身边也围绕很多研究自然科学的人。长子吴烺精通数学，朋友周榘擅长天文、水利，还擅长制造一些科学仪器，刘著也是一位历算专家，这些研究自然科学的人，其实就是明清实学思想的践行者，吴敬梓与其有各种各样的交往，对他们经世致用的思想也耳濡目染，也会慢慢地接受。

从大的社会环境来看，吴敬梓有接受明清实学思想的氛围，周围结交的人物中也有很多具有实学思想或者践行实学思想的人。从他自身的遭遇来看，家难的发生和科场的失意，让吴敬梓对科举和社会产生了质疑，长期的困顿生活也让他对社会和现实有了更清楚的认识。这些都促进了吴敬梓反叛意识的增长。这些因素综合作用于吴敬梓，必然导致他对明清时期的实学思想的接受，虽然接受程度还不敢断言，但接受的事实是肯定的。

2.《儒林外史》中吴敬梓接受明清实学的表现

明清时期兴起的实学思潮最主要的特点是尚真反伪。清代的统治者从明代理学空谈心性导致灭亡中吸取教训，大力倡导尊儒崇经，强调理学道德实践，在此基础上对道学的虚伪也进行了批判。康熙曾经意识到假道学、伪道学的泛滥，在《康熙起居注》卷二十三年中他说："今视汉官内务道学之名者甚多，考其究竟，言行皆背。"在《康熙起居注》卷二十二年中他亦说："朕见言行不相符者甚多，终日讲理学，而所行之事全与其言悖谬，岂可谓之理学？"雍正继承了康熙对理学的态度，也强调实践。他常常褒扬孔孟而贬低宋儒，在《雍正朝起居注》元年五月二十一日中，雍正说："宋儒之书，虽足羽翼经传，未若圣言之广大悉备。"明

吴敬梓

代末期的李贽就曾经猛烈抨击过理学的虚伪性。在《续焚书·三教归儒说》中他说："阳为道学，阴为富贵，被服儒雅，行若狗彘然也。"在这里李贽指出理学成了那些欺世盗名的无耻之徒追求富贵的工具。

吴敬梓的《儒林外史》对明清实学思潮尚真反伪的特点与统治者反对假道学、伪道学的态度有所反映。

小说中的主题是功名富贵，可围绕这一主题出现的人物大致可分为两大类。一大类是能够摒弃功名富贵，具有真性情，真品格的真实的人，这一类人有小说中塑造的真儒、真名士虞育德、庄绍光、迟衡山、杜少卿等，也有像王冕、市井四奇人这样的人物。与之相对应的另一大类就是为了追求功名富贵，言行都是虚假、虚伪的人，如假道学严贡生、王仁、王德等，假名士杜慎卿、景江兰等，假隐士权勿用、杨执中等，假侠士张铁臂等。吴敬梓在自己的小说中对前一类具有真实特点的人给予了热情的褒扬，也充满了作者自己的敬仰和佩服，而对后一类充斥着虚伪的这些人则进行了辛辣的讽刺和批判。

严贡生说自己是"为人率真，在乡里之间，从不晓得占人寸丝半粟的便宜"（第四回）的人，可转眼就因为占邻里的便宜被乡里人告，甚至连自己的亲弟弟的家产也不放过。王德、王仁两兄弟为了富贵，同意妹丈改立偏房，甚至不顾惜自己的亲妹妹，真是"无德无仁"。

假名士杜慎卿在小说三十回中说："妇人那有一个好的？小弟性情，是和妇人隔着三间屋就闻见他的臭气。"虽然嘴上这样说，背地里还让媒婆四处给他物色美女，当着外人的面还说是为了延续子嗣，是无可奈何的事情，真正一个虚伪彻底的人。

假侠士张铁臂自诩自己武艺高超，可在房上行走的时候还是"一声片的响"，为了骗娄三、娄四公子五百两银子，用猪头来冒充人头。

《儒林外史》中对"真人"的刻画固然好，但更为成功的是刻画了很多以虚假和虚伪为主要特点的人物。这些不同阶层人物的共同特点都是不真实，这也反应了明清之际社会的虚假之风是何等的猖獗，明清实学的兴起也就是针对这一社会风气而来的。

明清实学中另外一个中心是崇实黜虚。儒家学说本来是实践中的理论之道，本来和实践是紧密结合的。可到了宋明理学之时，理论和实践被分隔开来。宋明理学摒弃了对现实世界的探讨，只剩下对"理"的空洞论证和说教。到了明代后期，理学家更成为了那些"束书不观，游谈无根"（苏轼《李氏山房藏书记》）的空谈之人。朝廷上下充斥的均是空疏虚妄的风气。在这样的大背景下，清初期的顾炎武、黄宗羲、王夫之等为代表的先进思想家们提出了"经世致用"的实学思想。当然经世致用的思想是中国思想的一个传统，是知识分子实现自己的价值和道德思想的内在精神。明清之际提出的经世致用是针对当时社会的不良风气而来的。在明清众多的思想流派中，颜李学说是最为讲究实学、实用的。颜元提出，程朱是与孔孟对立的，所以"必破一分程朱，始入一分孔孟"。他认为儒学的真谛在于"申明尧、舜、周、孔三事、六府、六德、六行、六艺之道，大旨明道不在诗书章句，学不在颖悟诵读，而在期如孔门博文约礼，身实学之，身实习之，终身不解者"（《存学编》卷一）。颜元还提出了实体实用的治国方案，他说，"如天不废予，将以七字富天下：垦荒均田、兴水利；以六字强天下：人皆兵、官皆将；以九字安天下：举人才、正大经、

兴礼乐"（《颜习斋先生年谱》卷下）。李塨继承了颜元的这一思想，批评宋明儒者专为"无用"之学，认为学术研究的目的是有益于世道，倡导亲身习行践履。他与颜元一样，强调学者要能干实事，有用于世，致力于"礼乐兵农之学，水火工虞之业"。

《儒林外史》中体现吴敬梓实学思想的是其塑造的一个理想人物——萧云仙。在小说中，萧云仙是一个注重实用，强调躬行的人。在他平定青枫城之后，用三四年的时间来筑城，在城里盖了五个衙署。之后"出榜招集流民"，让百姓来开垦土地，接着"亲自指点百姓"兴修水利。基础设施建立之后，他又骑着马到处劝农。第二年生产发展之后，他又想到了教育问题，开始请老师把小孩"都养在学堂里读书"，读书读好的，萧云仙就与他"分庭抗礼，以示优待，这些人也知道读书是体面事了"（第四十回）。对于此，卧闲草堂评论说："萧云仙在青枫城能养能教，又能宣上德而达下情，乃是有体有用之才。"萧云仙就是经世致用思想最好的实践者。

颜李学说的实用思想也反应在教育与政治的关系方面。颜元、李塨都认为教育就应该培养能够巩固政权的有用之人。颜元说："盖学术者，人才之本也；人才者政事之本也；政事者民命之本也。无学术则无人才，无人才则无政事，无政事则无治平、无民命。"（《习斋记余》卷一）把教育和政治结合起来，要为政治教育出有用的人才。杜少卿也认为"宰相须用读书人，将帅亦须用读书人"（第四十六回），教育应该能够培养出有才华的人，既能做宰相，也能做将帅，能给人温饱，也能行礼乐。《儒林外史》中最重要的一次活动泰伯祠大祭，真儒们的目的也是"借此大家习学些礼乐，成就出些人才，也可助一助政教"（第三十三回），这也正是颜李

学派关于"礼乐兵农"的学说在吴敬梓小说中的体现。

清代初期倡导经世致用的思想者在教育方面都反对科举制度。顾炎武在《日知录》中认为八股比秦始皇的焚书坑儒有过之而无不及，他甚至认为科举制度将会危及国家的存亡。在《生员论》中他认为生员制度是万恶之源，"废天下生员而官府之政清，废天下生员而百姓之用苏，废天下生员而门户之习除，废天下生员而用进之才出"（《日知录》卷八）。黄宗羲在其著作《明夷待访录》中说："取士之弊，至今日制科而极矣！"颜李学派也反对科举制度。颜元说："八股行而天下无学术，无学术则无政事，无政事则无治功，无治功则无升平矣！故八股之害，甚于焚坑。"（《颜习斋言行录》）李塨也对八股制艺提出了强烈的批判，在《平定书》卷六中李塨说："所学非所用，所用非所学，且学正坏其所用，用正背其所学，以致天下无办事之官，庙堂少经济之臣。"

《儒林外史》围绕着科举制度塑造了形形色色的人物，有痴迷科举，白首不悔的周进、范进，有醉心科举，执迷不悟的马二先生、鲁小姐，也有因科举而渐渐堕落的匡超人、荀玫等。这些人物的塑造，都不同程度地折射出科举制度的种种弊端。

小说最开始就塑造了两个一生为科举而活着的士子，周进和范进。这两个人身上有很多共同之处，一个是六十多岁还是一个童生，另外一个五十多岁才"侥幸"中了举人。两个人中举之前都穷苦潦倒，除了八股之外，一无是处。这两个读书人一生只有科举一个目标。应该说是科举扭曲了两个人的灵魂，这两人迷失在科举考试之中，真的是可怜又可悲。

鲁小姐是小说中少有的女性之一，因为受到父亲的影响，身处闺阁的她也迷信科举。因为自己不能考科举，她就指望这能够

让丈夫实现自己的理想，可偏偏遇到了视八股制艺为俗事的蘧公孙，这让鲁小姐一时失去了人生的目标，无奈之下，又把注意力转移到自己的儿子身上。"每日拘着他（四岁的儿子）在房里讲《四书》，读文章"，"每晚课子到三四更鼓，或一天遇着那小儿子书背不熟，小姐就要督责他念到天亮"（第十三回），鲁小姐亦成为小说中为科举考试毒害的人物之一。

小说中很多被批判的人物信奉科举制度，把八股视为天下之至文。第十四回中鲁编修就对八股有这样的认识："八股文章若做的好，随你做甚么东西，要诗就诗，要赋就赋，都是一鞭一条痕，一掴一掌血。若是八股文章欠讲究，任你做出甚么来，都是野狐禅，邪魔外道！"（第十一回）这些观点吴敬梓是反对的，在小说中，他也借着迟衡山的口提出自己的观点："这举业二字是无凭的"（第四十九回），迟衡山指责当时的士子只知道终日"揣摩"时文，不务实际，他说"而今读书的朋友，只不过讲个举业，若会做两句诗赋，就算雅极的了，放着经史上礼、乐、兵、农的事，全然不问！"（第三十三回）小说中的理想人物都多多少少具有实用的思想。王冕年轻的时候就把"天文、地理、经史上的大学问，无一不贯通"（第一回）。虞华轩也精通"一切兵、农、礼、乐、工、虞、水、火之事"（第四十七回），杜少卿祖上几十代行医，虞育德也想要自己的儿子在读书之余学个医。吴敬梓和明代实学思想以及颜、李的主张有共同之处，反对空谈的八股文章，提倡有实际功用的学问。

吴敬梓对当时的实用思想尤其是颜李学说是比较认可的，实用思想在《儒林外史》中也有体现。可见，除了儒家思想和魏晋六朝风尚的影响之外，明清实用思想也是吴敬梓思想的另一面。

这三方面综合起来，形成了吴敬梓思想的主要特点。吴敬梓思想把看似不同，其实统一的思想融合在一起，其思想的复杂性也就可想而知了。

（四）治经思想

吴敬梓留下的文学作品有《儒林外史》和《文木山房集》，除了小说和诗文之外，吴敬梓还有一部《诗说》，从这部《诗说》可以窥见吴敬梓的学术思想。虽然吴敬梓不是以治经名世的，但通过了解他的治经思想，能够更加全面地了解他的思想。

全椒吴氏一直有治经的传统。吴敬梓的高祖吴沛著有《诗经心解》，曾祖辈中吴国鼎著有《诗经讲义》吴国缙著有《诗韵正》。吴敬梓本人对治经是非常看重的，程晋芳在《文木先生传》中说：

> （吴敬梓）与余族祖绵庄为至契。绵庄好治经，先生晚年亦好治经，曰："此人生立命处也。"

关于吴敬梓所著的《诗说》曾经有一百多年不为世人所见。清同治八年（1869年），金和在《儒林外史跋》中说："先生诗文集及《诗说》俱未付梓（余家旧藏抄本，乱后遗失）。"从此，这部《诗说》就销声匿迹了。近现代的一些学者也认为这部作品散佚了。鲁迅的《中国小说史略》中说吴敬梓"所著有《诗说》七卷，《文木山房集》五卷，都不甚传"。直到1999年6月24日《光明日报》载周兴陆《吴敬梓失传著作《诗说》在上海发现》一文，同年第五期《复旦大学学报》和同年第五期《学术界》分别刊录了由周兴陆整理的《文木山房诗说》原文，这部作品才再一

次出现在世人面前。

吴敬梓对于治经有自己的主张，他不全然按照前人的路子。关于《诗说》，沈大成说"（吴敬梓）少治毛诗，于郑诗孔氏之笺疏，朱子之集传，以及宋元明诸儒之绪论，莫不抉其奥，解其症，猎其菁英，著为《诗说》数万言，醇正可传"（《全椒吴征君诗集序》），章学诚也说他"不偏主汉宋门户"（《丙辰札记》），这是说吴敬梓的《诗说》，既采用汉，又不废宋。吴敬梓自己也在《尚书私学序》中提出自己治经的主张，"不在宋儒下盘旋，亦非汉、晋诸贤，所能笼络"。他主治古文学派的毛诗，然而对《毛诗序》、孔颖达等又多诘难。间或采用今文学派韩诗、鲁诗、齐诗的观点，对其又有疑问。对朱熹《诗集传》的观点大部分表示反对，倒也不是全盘否定。博采众长，提出一家之言。

1. 反对理学

自汉武帝时期提出"罢黜百家、独尊儒术"，儒家思想便成为中国几千年来封建社会的统治思想。在封建社会发展中，儒家思想也几经变更，直到程朱理学，其实质已经与原来的儒家思想有很大的不同。明代时期，程朱理学成了整个朝代的统治思想。在这样思想的影响下，形成了整个社会虚妄无根，华而不实的风气，明代的灭亡与之也脱不了干系。也因为这样，明清之际的思想家开始对有明一代的政治思想进行了彻底地反思，从不同侧面提出了反理学、反科举的主张。前面提到的颜李学派就是力求反理学、反科举的重要流派。清代时期，理学又有了死灰复燃之势，康熙为了维护统治，统一文化思想，大力倡导理学，把朱熹及其理学思想推向了极致。在这样的大背景下，吴敬梓在《诗说》中提出

自己反理学的主张。

在《儒林外史》中，吴敬梓借杜少卿之口，提出了自己《说诗》的主旨，"朱文公解经，自立一说，也是要后人与诸儒参看。而今丢了诸儒，只依朱注，这是后人固陋"（第三十四回）。吴敬梓在《诗说》中反理学主要表现为对朱熹的不满和对朱熹追随者的嘲讽。《诗说》从第二篇开始就对朱熹及其追随者进行了批驳，这种批驳几乎贯穿整本书的始终，占了全部篇幅的三分之一左右。

例如《卷耳》一则开始的时候就引用了杨慎之说："盖身在闺门，而思在道途。若后世所谓'计程应说到梁州'，'计程应到常山'耳。"在最后的时候说宋儒"宋人尚不能解唐诗，以之解《诗》，真是枉事，不若直从毛、郑可也。"批评的就是宋儒喜欢谈"理"，为了配合自己谈论"理"，解《诗》时候也是曲折地表达，非常繁琐。在《汉神》一则中，也对宋儒的这种陋习进行了批判。"想唐人犹能知其源也，谈理之儒必谓汉江之女，被文王之化，变淫乱之俗。男子叹其昔可求，而今不可求，曲为之解者，谓男子无犯礼之思，女子有不可犯之色，自然不相求，又谓'秣马'为行亲迎之礼，以娶此女，几经曲折矣。要（舍）骚赋而谈《诗》，欲为道学，不知俱堕入俗情也。"驳斥朱熹欲为道学而堕入俗情。

对待男女问题上，理学主张"存天理、灭人欲"，表现最为典型的就是对男女之情的否定和蔑视。朱熹在其《诗集传》中倡导"淫诗说"，这是他理学思想的典型代表。吴敬梓在《诗说》中对"淫诗说"进行了直接或间接的批评。《诗说》《申女》一则中，吴敬梓引申了《摽有梅》和《野有死麕》，说："诸儒或以为女子自作，或云诗人探女子之心而为言。纷纷曲为回护，以致作《诗疑》者删去《野有死麕》。以孔子不敢删者，而彼毅然删之，其所

由来者，渐矣。"《诗疑》的作者是朱熹的三传弟子王柏，王柏宗朱熹的"淫诗说"，根据理学卫道的目的，删去了风诗三十三篇，吴敬梓在此把"淫诗说"作为自己的主要反对目标。"孔子所不敢删者"，指的是男女之情在孔子那里也是合理的，用传统的儒教来反对理学。在《四牡、采薇、出车、杕杜》一则中说："王者劳下尚托为其下之言，或拟议情事、感动人心，而《国风》诸诗独断以本文为正。如《行露》《氓》者之类，皆以为前人所自作，拘之甚矣。"朱熹把国风中的很多情歌定性为"淫诗"，他在解释这些诗歌的时候，一律解为"淫妇""淫夫"所自作，故定为"淫诗"。吴敬梓在这里表面上是说作者，实际上是从作者的角度反对朱熹的观点。这里吴敬梓是暗暗讽刺朱熹的"淫诗说"。

朱熹只是众多解经者之一，没有什么权威的"正统"之说。正因为这样，吴敬梓才把对当时社会影响极大的理学作为批驳的对象。吴敬梓治经思想与他的人生观和世界观结合在一起的，与他对功名富贵和仕途的看法也紧密相连。

2. 提倡实证和考据

除了反理学之外，吴敬梓在他的《诗说》中体现出对实证和考据的倡导，这也是明清之际实学思想影响的一个结果。在《尚书私学序》中他批评有一些人"喜持辩论今文、古文之真伪，聚讼无休，究何当于《书》之义理。"从这句话中可以知道吴敬梓注重从考居中发现义理。《诗说》四十三篇中有二十多篇是考证、文字训诂，占整部书的二分之一左右。在《卷耳》一则中，吴敬梓就引用杨慎的话说："宋人尚不能解唐诗，以之解《诗》，真是枉事，不若直从毛、郑可也。"这里虽然对宋儒表示了鄙夷，但也

可以看出吴敬梓对《诗经》原意的追求，希望通过各种手段，不假别人之手得到最原始的含义。《诗说》中涉及考证的篇章有《画工图雷》《桃夭》《群妃御见》《马鹿》等。例如《马鹿》一则这样说：

  《雅翼》云："（古称马之似鹿者，直百金。）今荆、楚之地，其鹿绝似马。当解角时，望之无辨。土人谓之马鹿。以是知赵高指鹿为马，盖以类尔。"

吴敬梓在这一则中，对马鹿这一动物进行了考证。除了对个别名词的考证，吴敬梓在《诗说》中还很重视对典章制度、民风民俗及祭祀等的考证。例如《桃夭》一则讨论的是"婚姻之候"，《采薇》一则考证的是祭祀礼仪，《豳》对上古民间民风也有一定的描述等等。《诗说》中涉及文字训诂的篇章主要有《〈东山〉之四章》《彼童而角》《时迈》《太王剪商》等。《彼童而角》中这样记载：

  "彼童而角，实虹小子"。郑笺云："童羊，譬皇后也。而角者，喻与政事有所害也。此人实溃乱小子之政。《礼》天子未除丧称小子。"朱《传》云："彼谓不必修德而可以服人者，是牛羊之童者而求其角也，亦徒溃乱而已。"窃谓二说皆不达《诗》意。人亦称总角，何必牛羊？此只谓'总角'之童子溃乱而已，犹云犹有童心者也。

吴敬梓

这篇文章吴敬梓对《诗经》中出现的词语进行训诂。《诗说》中除了考证和文字训诂之外，吴敬梓还引用了很多别人的观点，整部书中引用旧说的地方很多，值得一提的是这些旧说也代表了吴敬梓自己的观点，必定是他认同的才会在他的著作中出现。

纵观《诗说》四十三篇，引用观点最多的两个人是杨慎和冯复京。如《东山之四章》一则：

> 杨慎曰："《东山》诗，'熠耀'之训为'萤火'久矣。今诗疑他章有'仓庚于飞，熠耀其羽'，遂以'《熠》耀'为'明貌'，而以'宵行'为'萤火'。固哉，其为《诗》也！古人用字有虚有实，'熠耀'之为'萤火'，实也；'熠耀'为'仓庚之羽'，虚也。有一明证可以决其疑：《小雅》：'交交桑扈，有莺其领'，与此句法相似，此言桑扈之领如莺之文，非谓莺即'桑扈'也。彼谓仓庚之羽如'熠耀'之明，非谓'熠耀'即仓庚也。'《诗》无达诂，《易》无达象，《春秋》无达例'，可为知者道耳。"

通篇都是引用杨慎的话。除了这篇之外，引用其言的还有《卷耳》《辟雍泮宫》《太王翦商》《玄鸟》等。引用冯复京观点的篇章有《画工图雷》《桃夭》《社》等。杨慎和冯复京都是明清时期学问渊博之人。李调元说："先生（杨慎）雄才博雅，精于考证，为有明一代之冠。"（《升庵经说序》）《四库全书总目提要》中评价冯复京和他的著作《六家诗名物疏》说"其征引颇为骇博，每条之末，间附考证其议论皆有根柢，犹为征实之学者"。

吴敬梓在治经过程中引用他们的观点，也可以说明他推崇实学的治学思想。

3. 塑造理想人格

关于吴敬梓心目中的理想人格，在他的小说《儒林外史》中已经有所涉及，小说中塑造的隐士王冕，真儒虞育德、庄绍光、杜少卿、迟衡山，四个市井奇人等等，他们身上体现的都是吴敬梓所追求并颂扬的理想人格。《诗说》和《儒林外史》可以互证，在治经的时候，吴敬梓也表达了自己对理想人格的看法。

吴敬梓在《诗说》中表达理想人格，最重要的有两则，《鸡鸣》与《简兮》，分别摘录如下。

朱子读《女曰鸡鸣》之诗，曰："此诗意思甚好，读之有不知使人手舞足蹈者。"诸儒所解亦甚多，究未得此诗之妙在何处。窃意此士乃乐天知命而能化及闺房者也。人惟功名富贵之念热于中，则夙兴夜寐，忽然而慷慨自许，忽焉而潦倒自伤。凡琴瑟镈罍，衣裳弓缴，无一而非导欲增悲之具。妻子化之，五花诰、七车香，时时结想于梦魂中，蒿簪綦缟，亦复自顾而伤怀矣。故王章牛衣之泣，泣其贫也，所以终不免于刑戮。即伯鸾之妻制隐者之服，犹欲立隐之名也。此士与女，岂惟忘其贫，亦未尝有意于隐。遇凫雁则弋，有酒则饮，御琴瑟则乐，有朋友则相赠。士绝无他日显扬之语以骄其妻，女亦无他日富贵之想以责其夫。优游暇日，乐有余闲。此惟在三代太和宇宙时，民间或不乏此。而郑当淫靡贪

乱之世，乃有此修身齐家之君子，故诗人述其夫妇之私言，佩诸管弦，便可使威凤翱翔而游鱼出听也。比户尽如此士女，倘所谓风动时雍者矣。其所关于人心政治者，岂细故哉！

余反复《简兮》之诗，而叹硕人所见浅也。"士君子得志则大行，不得志则龙蛇。遇不遇，命也。""鸿飞冥冥，弋人何篡"。何必以仕为？即不得已而仕，抱关击柝可矣，孰迫之而伶官？既俯首于伶官，即当安于篪翟之役，必曲折引申以自明其所思于庸夫耳目之前，谁其听之耶？《卞和论》云："兰生幽谷，不以无人不芳。玉产深山，不以无工不良。雕之琢之，取以为器，人之乐，非玉之幸也。和既以玉刖矣，以玉殉可也，以玉隐可也，必涕泣涟洏以自明其为玉，何其愚也！"观此，可为诗人进一解。

这两则文字其实并不是在说《诗》，吴敬梓是借着这个机会来表达自己的人生理想和自己认可的理想人格。这两条所反映出来的理想人格都是不为物役，不为功名富贵等外物所累的超凡脱俗的人格。吴敬梓之所以有这样的理想人格也与他的经历与认知有很大的关系。因为对社会、对科举等有了深刻的认识，所以中年之后的吴敬梓慢慢开始愤世嫉俗，抛弃了功名富贵之念，仰慕恬淡自适的生活。但是吴敬梓仍然心怀天下，乐善好施，抱着心怀天下士子之心，希望能够找到一条适合文人走的路，而他理想人格的建立也是其关注一代文人前途的结果。

三、吴敬梓的诗文赋研究

吴敬梓是以他的小说《儒林外史》而闻名后世的，除了小说之外，吴敬梓的诗文也有集子存留，同治八年（1869年）金和在《儒林外史跋》中说吴敬梓有："《诗说》七卷，《文木山房文集》五卷，《诗集》七卷"，之后又说"诗文集及《诗说》俱未付梓（余家旧藏抄本，乱后遗失）"，所以吴敬梓的诗文至今没有被发现过。我们现在看到的吴敬梓的诗集是1921年北京带经阁书铺孙人和访得的四卷本乾隆刻本《文木山房集》，这四卷本收录的只有吴敬梓四十岁之前的韵文。加之后来陆续发现的吴敬梓其他诗文，现在看到的吴敬梓的诗歌共有一百六十六首，词四十七首，赋四篇，散文两篇，骈文三篇。

（一）吴敬梓的诗词

吴敬梓所处的时代是清代中期，这一时期在诗坛上有很多有成就的诗人，诸如沈德潜、翁方纲、袁枚等，这些诗人或主格调、或主肌理、或主性灵。从现存的材料看，吴敬梓虽然与当时的各学派之间有交往，但没有参与其中的任何一派，他的诗词仅限于在他的朋友圈内流传。从他现存的一百六十六首诗歌中可知，他

的诗兼取神韵、性灵等各家之长,而自成一家特色。他的四十七首词也兼备婉约和豪放的特色,形成了自己词的独特风格。

1. 吴敬梓诗词的思想内容

吴敬梓的诗词内容并不十分广泛,大部分的诗词还是以表现他个人的生活经历和内心思想为主,除此之外有一些酬唱赠答和描写景物的诗歌。

关于吴敬梓诗词的思想内容,李本宣在《文木山房集序》中说:"既见敏轩所存,大抵皆纪事言怀,登临吊古,述往思来,百端交集,苟无关系者不作焉。"吴敬梓的《文木山房集》四卷大多数诗词是以时间顺序编排的,诗歌从少年时期创作的《观海》至四十岁时候创作的《除夕宁国旅店忆儿烺》。词第一首是二十六岁时候创作的《金缕曲》,至三十九岁生日时候创作的《内家娇》。纵观吴敬梓的所有诗词,其思想内容可以分为以下几个方面。

(1) 纪事言怀

吴敬梓的一生在本书第一部分生平中已经有了详细的介绍,对吴敬梓经历及其思想的了解除了他的小说《儒林外史》之外,也可以从他的诗词中窥探到。吴敬梓很多的经历和内心的想法在他的诗词中都有体现。

在《赠真州僧宏明》中吴敬梓这样描述自己的经历:

昔余十三龄,丧母失所恃,
十四从父宦,海上一千里。
弱冠父终天,患难从兹始。
穷途久奔驰,携家复转徙,

吁嗟骨肉亲，音问疏桑梓。

　　吴敬梓在诗歌中把自己移家南京以及移家南京前的经历都做了简单的总结。其中"十四从父宦，海上一千里"指的是其父亲吴霖起于康熙五十三年（1714年）被选任为江苏赣榆县县学教谕，自己随父出任的事情。这之后的一段时间，吴敬梓往来于全椒、南京、滁州等地，这时期创作的《观海》是吴敬梓少年时期唯一的一首诗歌。

　　浩荡天无极，潮声动地来。
　　鹏溟流陇城，蜃市作楼台。
　　齐鲁金泥没，乾坤玉关开。
　　少年多意气，高阁坐衔杯。

　　这首诗表达了在赣榆时期的吴敬梓登上高阁，观望大海，心胸开阔，意气风发的状态。这样的状态对吴敬梓来说还是比较少的，因为经历太多的磨难，吴敬梓诗词中更多的仍是嗟叹自己生活的困苦。吴敬梓二十多岁的时候，嗣父和妻子相继去世，家族中又发生了抢夺财产的丑事，自己的健康状况也每况愈下。他的《遗园》四首反映的就是他这一阶段的生活。

　　辛苦青箱业，传家只赐书。荒畦无客到，春日闭门居。
　　柳线和烟结，梅根带雨锄。旧时梁上燕，渺渺独愁予。

　　新绿渐成阴，催耕闻暮禽。治生儒者事，谋道故人心。

吴敬梓

薄俗高门贱，穷途岁序深。无聊爱坟籍，讵敢说书淫。

秋声何日到，残暑去天涯。鸦影梭烟树，松阴绘月阶。
病魔皆故物，诗境落孤怀。独倚危楼望，清光聚此斋。

风雨漂摇久，柴门挂薜萝。青云悲往事，白雪按新歌。
每念授书志，其如周极何！可怜贫贱日，只是畏人多。

  遗园是吴敬梓的曾祖父吴国对高中之后，吴氏显达的时候建造的，后来因为战火而被摧毁。吴敬梓二十五岁写这首诗的时候遗园已经衰败。这组诗吴敬梓描写了遗园一年四季的景象，也借着机会描述了自己的生活。诗歌中，吴敬梓在瞻顾前人的遗迹中缅怀了吴氏的家声科第，感慨自己因为没能继承吴氏一族的辉煌，枉费前人的教诲。这一时期他念念不忘的仍然是"治生儒者事，谋道故人心"。

  吴敬梓的词中也有很多描写其自身经历和心路历程的。吴敬梓三十岁的时候，客居南京，时值除夕，他对着漫天的飞雪，不胜悲慨，写下了八首《减字木兰花》。在这组词中吴敬梓对自己三十岁之前的人生进行了回顾和总结，这组词虽然短小，但却是研究吴敬梓生平和思想非常重要的材料。胡适在《吴敬梓年谱》中说这组词"颇多传记材料"。吴敬梓在这八首词里或言家世、或谈功名，或念亡妻，或悲父母之未合葬，或感世路之艰辛等等。其中第三首描写自己年轻时的生活。早年的吴敬梓生活放荡不羁，把家产挥霍一空，最后落得变卖房产的地步。第三首这样说：

田庐尽卖，乡里传为子弟戒。年少何人，肥马轻裘笑我贫。　买山而隐，魂梦不随溪谷隐。又到江南，客况穷愁两不堪。

乡里人没有能够理解吴敬梓的，又把他当成引以为戒的对象，这样的冷遇让吴敬梓分外愤懑，故产生了买山而隐的想法，用这样的想法来摆脱世俗之人的不解。这一时期的吴敬梓只是想摆脱世人而已，还没有真的想隐居起来，词中有一句"魂梦不随溪谷隐"，表明这一时期吴敬梓对仕途还是抱有希望的，并没有与科举制度彻底决裂。

移家南京之后，吴敬梓结识了很多的文人、学者，一时间，吴敬梓也度过了几年清闲自在的日子，《春兴八首》中的第一首这样写道：

秦淮三月水，芳草绿回汀。
楼外莺梭啭，窗前渔榜停。
午烟随处满，卯酒未曾醒。
花事知何许，柴门竟日扃。

但是这样的惬意生活总夹杂着怀旧、思乡等情绪。第三首写道：

失计辞乡土，论文乐友朋。
为应蓬自直，聊比木从绳。
挥尘清风聚，开樽皎月澄。

吴敬梓

回思年少时，流浪太无凭。

虽然能够和朋友喝酒论文，但也对自己之前的行为有了些许的反思。当然这一阶段，吴敬梓对科举和仕途还是没有完全放弃，追求仕途的想法不时在诗歌中还会有所流露。《古意》中吴敬梓就借着前代的事情来抒发自己的情怀。借着美女自伤见弃来表达自己怀才不遇之感。在南京的日子越来越艰辛，很多时候得倚靠朋友的资助生活。生活的艰辛加之博学鸿词科考试的打击，吴敬梓在一个时期内心情非常低沉。《丙辰除夕述怀》中描述了自己及家人的生活状态"今节空坐愁，北风吹窗隙。霸子俱跳荡，莱妻只羸瘠"。本是除夕之夜，富贵人家美酒浮碧、宰鸡祈福的时候，吴敬梓一家却饥寒交加。幸亏朋友王溯山送来了米，一家人才暂免饥饿。回想起一年多为博学鸿词科考试奔波，"回思一年事，栖栖为形役"，而今无果，不免发出"人生不得意，万事皆恳恳"的感慨，一时间，他也对未来失去了信心，"有如在网罗，无由振羽翮"。这一阶段应该是吴敬梓人生中的最低谷。

虽然生活异常艰辛，但他还是有自己的追求，晚年的时候，吴敬梓想把自己的诗文结成集子，故有了真州之行。作有《真州客舍》：

七年羁建业，两度客真州。
细雨僧庐晚，寒花江岸秋。
奇文同刻楮，阅世少安辀。
秉烛更阑坐，飘蓬愧素侯。

从诗歌里可以知道，吴敬梓的真州之行就是为了让故友帮忙筹集"同刻"的资金。因为自己的经济能力有限，现在不得不求助于朋友。在细雨飘摇的夜晚，诗人独自居僧舍，想到求人之难，也产生了惭愧之情。

四卷本的《文木山房集体》最后一首是吴敬梓四十一岁的时候创作于宣州的《除夕宁国旅店忆儿烺》。之前诸多首诗歌中感怀功名不就的嗟叹在这首诗中淡然无存，"旅馆宵无寐，思儿在异乡。高斋绵雨雪，歧路饱风霜"，这首诗有的只是对儿子吴烺的相思以及担忧之情。

从吴敬梓现存的诗词可以看到吴敬梓前四十多年的生活经历，也能从诸多的诗歌当中了解吴敬梓的所思所想。吴敬梓的很多诗歌来源他个人的得失和欢戚，真切地反映了他的生活状态，也是他艰难一生的真实写照。

(2) 酬唱赠答

除了描述自己的生活经历和思想感情的诗歌，吴敬梓的诗集中还有很多抒发与亲朋之间真挚情意的诗歌。

吴敬梓在移家南京之前，家族内抢夺财产，吴敬梓也一度失意落魄，甚至在乡里传为弟子戒。在他最困难的时期，有一个人给予他莫大的安慰和帮助，这个人就是叶草窗。叶草窗不仅理解吴敬梓，还把自己的女儿嫁给了他。当叶草窗去世的时候，吴敬梓也是万分悲痛，写下了《挽外舅叶草窗翁》。在这首诗中吴敬梓回忆了叶草窗生前的事迹，"茅檐四五椽，绕篱杂花莳。肘后悬《灵枢》，案前堆《金匮》。园林劚药苗，屏风挂盐豉。徙柳多奇情，针茅亦游戏"，"前年悬弧辰，留我十日醉"。吴敬梓也在诗歌中回忆了叶草窗给予自己的帮助，"爱女适狂生，时人叹高

义","示我平生业,《周易》蝇头字。旁及老庄言,逍遥无物累。"吴敬梓也在诗歌中赞扬了叶草窗的人格魅力。他除了医术之外,还热衷于《周易》和老庄道家思想,也达到了一定的境界,这样的思想境界也对吴敬梓产生了深远的影响。

吴敬梓出生在一个大家族,族中的众多兄弟中,吴敬梓独与吴檠友善。在故乡的时候,两个人就经常一起饮酒作乐。在吴檠生日的时候,吴敬梓还写过一首词《贺新凉》。吴敬梓移家南京之后,吴檠也曾去小住过,吴敬梓在重阳节的时候约吴檠一起登高,因吴檠临时有时未能赴约,吴敬梓十分惆怅,写下了《九日约从兄青然登高不至》:

绿橙手擘味清嘉,黄菊枝头渐著花。
独坐河亭人不到,一帘秋水读《南华》。

后来,两个人都参加了博学鸿词科的考试,吴檠有幸参加了廷试。乾隆元年(1736年),吴敬梓游览天宁寺的时候,看见墙壁上吴檠曾经题的一首诗,写下了《百字令》(天宁寺僧舍见青然兄弟题壁诗)。在这首词中,吴敬梓回忆了他们年少的时候在西墅草堂欢聚的情景,"追忆春草鸣禽,西堂清旷,终日同挥尘"。一方面因为自己不能参加博学鸿词科廷试而懊恼,另一方面也希望族兄能够有进仕的机会,"虎羞龙圣,只留贻赠诗句"。吴檠廷试铩羽而归的时候,吴敬梓又在《酬青然兄》中肯定他的才华,"卿士交口言,屈宋堪衙官",也对他婉言劝慰,"兄弟崇明德,无为摧心肝",不要为一时间的沮丧而丧失信心。

除了亲戚之外,吴敬梓的诗歌里还有很多与朋友交往酬唱的

诗歌。这些诗歌记录了他与朋友之间的交往，也表达了与朋友真挚的感情。朱草衣是吴敬梓移家南京之后结识的朋友，两个人居住的地方颇近，感情也很好。在《洞仙歌》（题朱草衣《白门偕隐图》）中吴敬梓赞美了他们夫妻二人相敬相爱的感情。朱草衣五十岁生日的时候吴敬梓又做了《金缕曲》（七月初五朱草衣五十初度），在这首词里吴敬梓说"叹胸中著书千卷，沉埋弃掷"，对其怀才不遇表示了同情，也劝慰朱草衣，"且休忧世无相识"，认为他将会被人们认可和赏识，定有机会施展抱负。在词的最后又表达了他的祝福，希望朱草衣能够"长寿考，比金石"。之后吴敬梓在芜湖的时候还访了朱草衣的旧宅，写下了《燕山亭》。在《寒夜坐月示朱草衣》中，吴敬梓在霜月下，邻家歌舞中怀念自己的好朋友，还希望两个人"何当一樽酒，斟酌月明时"。吴敬梓的这些诗词都表达了和朱草衣之间真挚的友谊。

吴敬梓的诗词集中还有很多表达对亲朋的感情，在此不一一赘述，吴敬梓的一生中与之交往的大部分是文人、学者，除了这些人之外，吴敬梓有机会认识很多其他社会阶层的人物，这些人物对吴敬梓的一生也产生了很大的影响，在吴敬梓酬唱赠答诗中，也有很多是写给这些人的。吴敬梓的亲生父亲吴雯亭曾经在南京冶山上的从宵道观养病，吴敬梓曾经迁往侍病，有机会认识了道士了周羽士。在雍正十年（1732年）的时候，吴敬梓有机会再次来到了冶山，写下了《早春过冶山园亭追悼周羽士》，在诗歌中他称与其有"十年之交"，不到两年的时候，吴敬梓又写了一首《伤周羽士》。

岂是黄金不铸颜，刚风浩劫又吹还。

吴　敬　梓

月明笙鹤缑山顶，归向蓬莱第几班？

吴敬梓的诗词中以追悼为主题的并不多见，有两首是写给周羽士的，可见两个人之间感情甚笃。

移家南京之后，吴敬梓有机会接触到了一些学者或文人，除了这些人之外，吴敬梓还结识了一些社会下层的民众，诸如伶人。在小说《儒林外史》中，吴敬梓也塑造了鲍文卿等一系列伶人的形象，从这些材料可以看出，吴敬梓对戏曲和伶人还是有一定的关注，他的诗词也有一些是写给伶人或演员的。

吴敬梓在写于乾隆元年（1736年）的《苕苕曲》中回忆了和歌女苕苕欢聚的情景。倾心于她的能歌善舞，也对她不幸的遭遇倍表伤怀。乾隆七年（1742年）吴敬梓曾经在一次聚会上看到了七十八岁的老伶人王仲宁，并写了一首《老伶行》赠给他。这首诗的前半部分，写了王仲宁因献技而得到了康熙的恩宠，在南京也是颇有盛名。随着康熙的病逝，王仲宁也慢慢开始沦落。年近八十岁的伶人虽然技艺不减当年，但是难再续往日的辉煌。这位"过时才人"让吴敬梓发出了迟暮之感，同时也对这位老才人的遭遇寄寓了深深的同情。

(3) 登临吊古

吴敬梓的一生没有离开过东南沿海，但是他的足迹踏遍了全椒，赣榆、南京、扬州、杭州等地。他在游览青山绿水之间，也留下了一些登临吊古、写景咏物的诗词。

乾隆二年（1737年）吴敬梓回到了自己的家乡全椒，此次之行，吴敬梓写下了《全椒道上口占六首》。在这组诗中，吴敬梓写

下了自己此次家乡之行的所见、所感。在诗歌中，吴敬梓描写了家乡一片太平景象"乌犍稳卧闭柴门，千树桃花又一村"，"年来料得多丰稔，墙角先看荠菜生"，看到家乡一派欣欣向荣的景象，作者的心情也好了起来，发出了"春原无处不销魂"的感慨，表达了对家乡农村风物的喜欢。"因过村社知春尽，渐见含桃火齐红"，吴敬梓在暮春季节回到了南京。

在描写景物的诗歌中，吴敬梓独偏爱南京的景物，这部分的诗歌数量也比较多。年少的时候，吴敬梓就游历过南京的美景，在《买陂塘》中有：

少年时，青溪九曲，画船曾记游冶，绅缠维处闻箫管，多在柳堤月榭。朝复夜。费蜀锦吴绫，那惜缠头价。

从三十三岁吴敬梓移家南京之后，虽然有几次短暂的出行，但大部分时间还是生活在这里。在欣赏南京的美景之时，他也游览了很多名胜古迹。诗歌中如《冶城春望》《永庆寺》《过从宵道院子》等，词中的《满江红》（冶下下忠贞公庙）《买陂塘》两首、《小重山》（三山）等。吴敬梓在这些诗词中，描绘了各地的名胜景物，也有咏怀的成分。例如《永庆寺》中就有"昔日主家罗绮胜，而今佛地绣幡垂"，通过古今的对比，感叹万千。

二十世纪五十年代发现的《金陵景物图诗》二十三首描摹了南京二十三处景物，诸如：冶城、杏花村、燕子矶、谢公墩、凤皇台、莫愁湖、凭虚阁等，且每一首诗的前面都有一个小序。《冶城》这样写到：

吴敬梓

朝天宫即吴冶城。杨吴时为紫极宫，宋为祥符，寻改天庆。元名玄妙，又陞为永庆宫。明洪武十七年重建，后有万岁亭。凡大朝贺行礼，于此习仪。山门径道，折而为九，叠拱层檐，楼阁环绕。最后冶城山，相传为吴王夫差铸剑处，晋尚书令卞壶墓在焉。壶以御苏峻，偕其二子眕盱同殉国难。于其所葬之处，宫而祀之，以劝后世之为人臣子者，宜也。至今岁时遣官致祭。

冶山幽绝处，烟草卞公祠。庾亮清谈日，苏峻称兵时。
荒城残日下，大桁野云垂。至今严伏蜡，风雨护灵旗。

这二十三首诗歌是吴敬梓晚年时候创作的。对南京二十三个地方考察胜迹，历叙沿革，描绘景色，抒发感慨，体现吴敬梓晚年诗歌创作的特点。

吴敬梓移家南京之后有两次扬州之行，在这两次扬州之行的过程中，吴敬梓也创作了很多诗歌。例如诗歌有《月》《将往平山堂风雪不果》《望真州》《真州客舍》等，词有《水龙吟》《高阳台》《惜秋华》等，这些诗词都对扬州及其附近的景物进行了描写。在《望真州》中有"波光骀荡绿杨湾，渔市人家晒网还。日暮危樯依曲巷，寒云遮断小帆山"，描写了江滨小镇的风物和人事。在《真州客舍》中有"细雨僧庐晚，寒花江岸秋"这样的句子，描写了秋雨连绵不断，江面上寒花点点，一片秋意之景色。《水龙吟》中亦有"木犀香满精庐，晚来受月池光浅"，描写僧庐桂花飘香，月光飘洒的景象。

吴敬梓这些歌咏景物的诗词，既描绘景物，又描写神态，在景物描写的同时亦加入自己的感慨和见解，情中有景，景中有情，

达到了情景交融的境界。

2. 吴敬梓诗歌的艺术特色

（1）出水芙蕖，娟秀欲滴

黄河在《文木山房集序》中这样说："其（吴敬梓）诗如出水芙蕖，娟秀欲滴。论者称其直逼温、李，而清永润洁，又出于李颀、常建之间。"这段评价提出了吴敬梓诗歌的两大特点。一个特点是吴敬梓的诗歌具有温庭筠和李商隐诗歌的华美，另一个特点是具有李颀、常建诗歌的清润。晚唐时期的温庭筠和李商隐诗歌均以华美秾丽著称于世，温庭筠诗在词语上具有艳丽的特点，李商隐的诗歌情调幽美。相对而言，盛唐时期的李颀、常建的诗歌则以澄净和玄幽为特点。沈大成在《全椒吴征君诗集序》中这样评价吴敬梓的诗："故其自为诗，妙骋柠柚，随方合节，牢笼物态，风骨飞动，而忠厚悱恻缠绵无已之意，流溢于言表，使后之观之，油然而思，温然如即其人，盖非今世之诗，而古作者之诗也，岂区区稳且声病，俪清妃白，求工子句之末以相市哉？"吴敬梓的诗歌在抒发自己浓烈情感的同时，形成了一种清新温润而不失秾丽的特点。

例如作于乾隆三年（1738年）的《夕阳》：

夕阳红与绿波溶，乌榜青烟春意浓。
近岸绣幡飘柳外，谁家糕酒祭勾龙。

这首诗描绘的是傍晚时分在小舟中所望的农村的景色。落日、绿波、青烟，在红、绿、青的颜色碰撞与调合下，描绘了一幅秀

吴敬梓

美的江畔晚景图。在这幅画中除了这些自然之景之外，还有掩映在柳荫之下的酒旗飘然，在静与动，明与暗，实与虚中表现了欣欣向荣之态。娟秀欲滴也就可见了。

创作于雍正十三年（1735年）的《滁州旅思》。

晓望诸峰翠色新，雨余芳草碧如菌。
春光已过湔裙节，胜地浑无蜡屐人。
旅病那堪花入梦，暮寒不厌酒沾唇。
遥思二月秦淮柳，蘸露拖烟委鞠尘。

诗人在早上的时候遥望远处的群山，春雨过后，草色鲜艳欲滴，芳草如菌。在这样美的自然景色中融入了淳朴的民风民俗，士女醑酒于水边，并且湔裙以拔除不祥。面对这样的景色，不禁让作者想起了仲春二月的秦淮河。想象中的秦淮，摇曳在烟露之中的绵绵柳枝，仿佛在向他召唤。诗歌中出现的景物经过作者的选择和提炼，并精心结构，整首诗歌能够把景物的描写和情感的抒发统一起来，在莫名的惆怅中亦有一番自然美景。

又如《秣陵关》：

篅舆芳径草痕斑，明庶风来渗客颜。
一带江城新雨后，杏花深处秣陵关。

初春的时节，作者迎着令人心情愉悦的春风，乘坐着轿子，一路看着去年的枯草和今年的草芽交织的"草痕斑"，又依稀看见掩映在杏花深处的秣陵关。这首诗不事雕琢，诗歌意境清新明丽。

吴敬梓诗歌风格融清新与浓艳于一体，别有一番娟秀的特色。

(2) 善用典故

在吴敬梓的生平中已经说过，吴敬梓从小阅读广博，涉猎广泛，这让吴敬梓在诗歌的创作过程中，有意无意地加入典故，诗歌中典故的使用俯首既是，这成为他诗歌的一大特色。

用典是中国古代诗歌经常使用的手法之一，恰当地在作品中加入典故，会增加作品的美感和内涵，对表达作者的情怀也颇有帮助。吴敬梓少年的时候就博览群书，对许多典故都了如指掌，典故在他诗歌的使用中也得心应手。例如在《赠杨督府江亭》中吴敬梓就用了很多典故。

狻猊产西域，本非百兽伦。一朝同率舞，图画高麒麟。
三苗昔梗化，戈鋋扰边垠。桓桓杨督府，钲鼓靖烟尘。
功成身既退，投老归江滨。廉颇犹健饭，羊祜常角巾。
明月张乐席，晴日坐花裀。丹心依天梓，白发感萧晨。
方今履泰交，礼乐重敷陈。天子闻鼓鼙，应思将帅臣。

诗歌开篇用"狻猊""麒麟"来比喻杨凯。"高麒麟"指的是汉代未央宫里的麒麟阁。当年汉宣帝为了表彰霍光等十一人的功绩，把他们的图像绘于阁上。吴敬梓用这一典故来指代杨凯的功绩。诗歌中的"廉颇犹健饭"，出自司马迁的《史迹·廉颇蔺相如列传》，"赵使者既见廉颇，廉颇为之一饭斗米，肉十斤，被甲上马，以示尚可用"。用这一典故是为了说明杨凯虽然辞职归乡，但是却殷切地盼望能够再一次被起用。"羊祜常角巾"，典见《晋书·羊祜传》，"既定边事，当角巾东路，归故里，为容棺之墟"，

委婉地写出了杨凯被革职后闲适而自得的生活。这首诗中典故的使用频繁而贴切，对杨凯虽有功于社稷，但是在仕途上却历经风波的经历表示了不平和感慨。

吴敬梓诗歌中典故的使用还有很多。《奉题雅雨大公祖出塞图》中有"蔽芾甘棠"，出自《诗经·召南·甘棠》，"蔽芾甘棠，勿剪勿伐，召伯所茇"。"蔽芾"原意指的是植物弱小或树叶初生的形状。《甘棠》这首诗原是怀念西周时召伯奭政德而作的，后来用来称颂有政德，且能够泽及百姓的地方官员。吴敬梓在这首诗中用"蔽芾甘棠勿剪伐"这样的句子就是为了称颂卢见曾，并对他戍边回来再施政德寄予了希望。《左伯桃墓》中有"亦有却聘人，灌园葆贞素"这样的句子，在这句诗中，"却聘"出自颜延之的《陶徵士诔》："隐约就闲，迁延却聘。""灌园"出自《说苑·尊贤》"於仲陵子辞三公之位而傭，为人灌园"。於仲陵子，即陈仲子，战国时期齐国人。以兄食禄万钟为不义，适楚，居于於陵，自谓於陵子仲。楚王欲以为相，不就，偕妻子逃去，为人灌园。吴敬梓在这里引用陶渊明和於仲陵子的典故，是为了与左伯桃"急容遇"作对比，反衬自己的隐逸情怀。

诗歌中典故的使用使其诗歌加重了文学色彩，也让吴敬梓表述自己情怀的时候有了深刻的意味。

（3）气势奔放

吴敬梓的古体诗大部分气势奔放，一气呵成，纵横驰骋，具有夺人的特点。乾隆五年（1740年）卢见曾因事遣戍张家口外军台效力，书画家高凤翰、叶芳林、张珂合作《出塞图》以赠。《出塞图》下有郑燮、钱陈群、程梦星等人做的二十多首题诗，其中也有吴敬梓的题诗《奉题雅雨大公祖出塞图》。

玉门关外狼烽直，毳帐穹庐犄角立。
鸣镝声中欲断魂，健儿何处吹羌笛。
使君衔命出云中，万里龙堆广漠风。
夕阳寒映明驼紫，霜花晓衬罽袍红。
顾陆丹青工藻绘，不画凌烟画边塞。
他日携从塞外归，图中宜带风沙态。
披图指点到穷发，转使精神同发越。
李陵台畔抚残碑，明妃冢上看明月。
天恩三载许君还，江南三度繁花殷。
繁花殷，芳草歇，蔽芾甘棠勿剪伐。

治晚生吴敬梓

  吴敬梓的这首七言古体诗开篇即豪气冲天，格局阔大。以丰富的想象来铺陈塞外的苍凉雄浑。诗歌中由诸多的塞外意象组成，诸如玉门关、狼烽、毳帐、穹庐、鸣镝声、健儿、羌笛、广漠风等，这些意象的使用使诗歌充满了豪壮的特色。之后诗人又描述了塞外独有的景色和历史遗迹，想象卢见曾荣归时候的英姿和豪迈之气。整首诗气势浩荡，连贯畅通，别有一番纵横开阖，雄壮畅达之势。

  又如《赠李俶南二十四韵》也是一首气势奔放的诗歌。乾隆二年（1737年）早春的时候，李俶南曾经路过南京，之后吴敬梓写下了这首诗。在诗中吴敬梓用较长的篇幅来描写边塞风光，并描述李俶南驻守边塞时候的功业：

吴敬梓

家声重仙李，功业著楼兰。忆昔横戈数，曾闻倚剑看。
秋风衰草白，落日大旗丹。羌笛声多怨，鸣笳梦岂安。
龙城夸万仞，虎旅凛三单。月朗辉银铠，沙飞染绣鞍。

这首诗意象纵横，气势遒劲，把李俶南在边塞时的豪情表述充分，一股凛然之气油然而生。李俶南既是一位武将，也是一位文人。"边疆欣奏凯，薄海羡飞翰。虎豹娴韬略，蛟龙走笔端"，整首诗在赞扬李俶南之外，也为他"长才试盘错，壮志历艰难"的经历鸣不平。

3. 吴敬梓词的艺术特色

吴敬梓词存留的数量并不特别多，但他现存的四十七首词，也呈现出自己的典型特点。清朝的词派很多，有以陈子龙、李雯、宋征舆为代表的，追求纯情自然的云间词派，有以陈维崧为宗，崇"意"主"情"的阳羡词派，有以张惠言、周济为代表，追求复古的常州词派，亦有以朱彝尊、厉鹗为代表，主张醇雅清空的浙西词派等。从吴敬梓词风格可以看出，对吴敬梓影响较大的应该是兴起于清朝初年的浙西词派。

浙西词派是清代前期最大的词派，影响深广。其创始者朱彝尊及主要作家都是浙江人，故称之。该词派其他主要作家还有李良年、李符、沈皞日、沈登岸、龚翔麟等。随着清朝统一全国，走向鼎盛，以朱彝尊等为代表的浙西词派顺应太平，以醇正高雅的盛世之音，播扬上下，绵亘康、雍、乾三朝。浙西词派的风格主要延承的是南宋的格律词派，主要学习的对象是南宋的姜夔和张炎。朱彝尊在《静惕堂词序》中说："数十年来，浙西填词者，

家白石而户玉田。"清同治三年（1864）张文虎自序《索笑词》也说："二十年前，家白石而户玉田，是苏、辛不得为词，今则俎豆二窗而祧姜、张矣。"吴敬梓的词受浙西词派的影响颇深，其词风也受到了姜夔、张炎的影响。

黄河在《文木山房集序》中这样评价吴敬梓的词："至辞学婉而多讽，亦庶几白石、玉田之流亚。"这里的白石指的是南宋词人姜夔，玉田指的是南宋词人张炎。姜夔是南宋格律派的代表作家，吴敬梓很欣赏姜夔的词。《惜红衣》中吴敬梓就用的是姜夔的自度曲，这首词的韵用的也是姜夔《惜红衣》的原韵。姜夔的词多为记游、咏物和抒写个人性情、离别相思。偶尔也流露出对时事的关心。其词情意真挚，格律严密，语言华美，风格清幽冷隽，有的词以瘦硬清刚之笔调矫婉约词媚无力之意。王国维在《人间词话》中评价他的词说："古今词人格调之高，无如白石，惜不与意境上用力，故觉无言外之味，弦外之响。"南宋末年张炎的词风以清雅疏朗为主。他的词多写个人哀怨，并长于咏物，常以清空之笔，写沦落之悲，带有鲜明的时代印记。他追慕周邦彦、姜夔而贬抑吴文英。因他精通音律，审音拈韵，细致入微，遣词造句，流丽清畅。但由于他过分追求局部的画意，在整体构思上不免失之空疏，故境界开阔而又立意甚高者并不多见。张炎还是一位著名的词论家，词主张"清空""骚雅"的风格。吴敬梓在《尚书私学序》中，评价江昱的词说："往读宾谷《梅鹤词》，诧为白石、玉田嗣响，虽先辈小长芦朱叟亦当却步也。"对词人的评价也会以姜夔和张炎为标准。吴敬梓的词讲究格律和格调，词风与姜夔和张炎亦有相似之处。

《买陂塘》是吴敬梓在移家南京，买宅秦淮水亭之后写下的。

吴敬梓

其中第二首这样写道：

> 石头城，寒潮来去，壮怀何处淘洗？酒旗摇扬神鸦散，休问猧儿狮子。南北史，有几许兴亡，转眼成虚垒。三山二水，想阅武堂前，临春阁畔，自古占佳丽。
>
> 人间世，只有繁华易委。闲情固自难已。偶然买宅秦淮岸，殊觉胜于乡里。饥欲死，也不管，干时似渐矛头米。将身隐矣。召阮籍嵇康，披襟箕踞，把酒共沉醉。

这首词吴敬梓延续以往描写金陵怀古作品的传统，在抒发兴亡之感和沧桑之叹的同时也寄寓了自己道家思想和追慕六朝风尚的思想。这首词格律严谨，音调谐美，辞句工巧典丽。

吴敬梓的词除了受浙西词派的影响，讲究格律和格调之外，还有情志绵长的特点。清沈宗淳在《文木山房集词序》中说："（吴敬梓）逸致闲情，复有诗余之癖。辟之蚕丝春半，能遇物而牵萦，蛩语秋清，只自传其辛苦。更阑烛跋，写就乌丝，酒暖香温，谱成黄绢。允矣才人之极致，爱其情思之缠绵。"吴敬梓写词大多是为了表达自己情感和志向。看他的《高阳台》（真州客舍晤团冠霞，以江宾谷手书并新词见示，倚声奉答）。

> 柘月初亏，盲风渐紧，扁舟又别江城。雀室潜听，蒲帆趱就秋声。关情只有辞巢燕，怕看他鸠化为鹰。怪兼旬、为踏槐黄，误了鸥盟。　　真州老友重相访，示怀中一纸，彩笔纵横。夜掩禅关，剪灯细读，凄清。假饶乐句常联袂，也何须鼓瑟吹笙。尽沉思，爇尽熏炉，

沸尽茶铛。

这首词写于乾隆元年（1736年）的秋季，作者用一系列的意象来描写萧瑟的秋天，如柘月、盲风、秋声等。"关情只有辞巢燕，怕看他鸠化为鹰"，传达了作者悲秋的思想。面对好友团昇赠予的扬州著名学者江昱的书信和新填的词，"剪灯细读"，词中有一句"尽沉思"，意味深远。整首词用生动的比喻，寄托感慨深沉，在词中隐隐地揭示了作者的隐忧，其多愁善感的悲秋意识也体味不尽，显示了词人创作时的情感绵长，志向、意志悠远的特点。

吴敬梓的词能够反应他的真实生活，抒发他真实的情志。在词的创作中广师前贤，转益多师，于神韵、性灵、格律中独具自己的特色。

（二）吴敬梓的文赋

1. 吴敬梓的赋

吴敬梓的赋现今能够看到的只有保存在《文木山房集》卷一中的四篇，分别是《移家赋》《继明照四方赋》《正声感人赋》和《拟献朝会赋》。其中后三篇分别是吴敬梓参加博学鸿词科考试的时候为学院考试、抚院考试和疑为督院考试而作的试贴赋。这三篇赋都是为了应制而作的，大都是一些歌功颂德的词语，例如《继明照四方赋》中有："信太平之有相，正化日之舒长，惟照临于九宇，以表正于万方。"《正声感人赋》中有"天子省风，圣人御宇"。《拟献朝会赋》中有"皇上握纪开阶，御符当璧，聪明智

勇，商后之珠庭"等诸如之类的句子。这些颂词无论从内容上还是艺术上都没有太高的成就。最能代表吴敬梓赋创作水平的唯有一篇《移家赋》了。方嶟在《文木山房集序》中评价吴敬梓的赋能"力追汉唐"。

雍正十一年（1733年）二月，吴敬梓自全椒移家南京，这是他人生当中的一大转折。定居南京之后，吴敬梓对自己的家世和生平作了一次大型地回顾和总结，故写了《移家赋》。关于这篇赋的完成时间，根据赋中"楼外花明，帘前日丽，竹院风清，纸窗雪霁"来看，应该是经一年的创作，于雍正十二年（1734年）完成。

《移家赋》全文三千多字，其中正文的前面有五百七十二字的序。这篇赋可以看作是吴敬梓的家族史和自传史，是了解吴敬梓家族兴衰、家风传统的系统资料，也是了解吴敬梓移家南京之前的经历、思想以及移家南京之初的生活状态及对未来憧憬的第一手材料。

关于创作《移家赋》的初衷，从他序言中可知。在序中吴敬梓说自己的创作如"蛟入仲舒之怀，凤吐子云之口……成功可期"。在赋的结尾吴敬梓又希望自己的这篇赋能够得到别人的赏识，"妙曲唱于旗亭，绝调歌于郢市，正如雍门之琴，闻而泪落无休；素女之瑟，听则悲生不已"。吴敬梓也把自己的这篇倾力之作与司马相如的《子虚赋》和《大人赋》相比，希望通过这篇幅引起统治者的赏识。在他的词《满江红》（雀化虹藏）中也埋怨"得意荐相如、凌云赋"，吴敬梓在他的诗词中也多处以司马相如自拟，故可见吴敬梓作《移家赋》有以赋扬名之初衷或者说是潜意识。

《移家赋》的序言有五百七十二字，叙述了在"承平之世"，而自己要变卖祖宅，移家南京的缘故。在序言中，吴敬梓引用陆士衡和卫叔宝的典故，说他们的移家是不得已而为之，而自己"梓家本膏华，性耽挥霍，生值承平之世，本无播迁之忧"，那为什么要移家呢？"乃以郁伊既久，薪纆成疾，枭将东徙，浑未解于更鸣，鸟巢南枝，将竟托于恋燠"，道出了吴敬梓移家的原因是不能够再承受精神的枷锁。主要指的是吴敬梓移家南京之前家族争夺财产，以及自己不为乡邻理解的事情。在序言中吴敬梓还说自己移家南京之后的寂寞心情，自己既然不能奋志功名，成为达官显贵，也没有一技之长，幸而自己从小读书，尚能够纵笔而文，故写下了这篇赋。以抒发自己心中的"悲切怨愤"。

　　这篇赋的正文共两千五百二十九个字，开头叙述了自己的家世，历述元祖、高祖、曾祖以及父辈的事迹。其中记叙了家门的鼎盛，褒扬父亲的孝道和德行以及后来克尽教职，最后丢官的过程。在叙述了自己的家世之后，吴敬梓又叙述了家族中家道中落的情况。不幸的是家族的繁盛过后出现了败坏家族的风气，很多族人做出了有辱先人及其家族的事情，作者在赋中对家族这些人的行为进行了谴责。之后吴敬梓着重叙述了自己早年的经历，先是在家族中受到别人的歧视，"推鸡坊而为长，戏鹅栏而忿深"，感叹自己的双亲过早的逝世，无叔父亦无遵从。叙述了自己早年致力于读书习作，"竞希酒圣，聊托书淫，旬锻季炼，月弄风吟"。接着描写了自己在家乡的遭遇，"至于眷念乡人，与为游处，似以冰而致蝇，若以狸而致鼠，见几而作，逝将去汝"，所以不得不背井离乡移家南京。正文的最后一部分主要是描写了吴敬梓移家之后在南京的生活状态。对于南京，吴敬梓还是很喜欢的，

在赋中吴敬梓大力赞美了南京,"金陵佳地,黄旗紫气,虎踞龙盘,川流山峙,桂桨兰舟,药栏花砌,歌吹沸天,绮罗扑地"。定居南京之后,吴敬梓不慕富贵,或与一些志气相投的文人、学士相交往,吟诗作文、讨论学问。或与妻子享夫妇偕隐之乐。或与伶人、歌女相往来。最后也赞许了一下自己的创作才华,"妙曲唱于旗亭,绝调歌于郢市"。

这篇赋从内容上看是了解吴敬梓家世、生平及其思想非常重要的材料。以叙事体的长篇结构,叙述了吴敬梓前半生的经历。这篇赋最大的特点是多使用骈俪和排句,铺采摛文,对仗工整,辞采华美,层层渲染。除了用词使句华美、艳丽之外,这篇赋还大量使用典故和生僻的字,这一特点说明了吴敬梓阅读之广博,也正合了吴檠《为敏轩三十初度作》中所说的"迩来诗律倍绮密,僻书奇字来稽参"。

2. 吴敬梓的散文

吴敬梓留存至今的散文仅有两篇,分别是《尚书私学序言》和《玉剑缘传奇序》。从仅存的两篇散文里可以窥见一些吴敬梓对治经和戏曲的一些见解。

《尚书私学》的作者是江昱。江昱(1706—1775),字宾谷,号松泉,乾隆年间扬州著名的学者和诗人。他的诗集中有《访吴敏轩留饮醉中作》,吴敬梓的诗集中亦有《岁暮返金陵留别江宾谷》二首,在词《高阳台》中吴敬梓也提到了江昱,可见两个人的关系甚密。江昱在他的《尚书私学》中反对阎若璩《古文尚书疏证》的见解,并在自己的书中与程廷祚辩论《尚书》古文。对于治经吴敬梓采取比较宽容的态度,在序中他说:"一二高明之

士，喜持辩论今文古文之真伪，聚讼无休，究何当于《书》之义理。"认为治经应该从经书的义理出发，而不是仅仅徘徊在真伪问题上，这样的论述是针对当时社会的现状而发的，有一定的道理。在这篇序中，吴敬梓对江昱进行了褒扬，说他具有远见卓识，"不在宋儒下盘旋，亦非汉晋诸贤所能笼络"，还赞扬江昱能够"破后世鬼神荒诞之见"，吴敬梓在赞美朋友的同时也是阐发了自己的治经主张，似乎更像是其《诗说》的序言。在序中吴敬梓还说："圣人之经，犹天有日月也。日月照临之下，四时往来，万物化育，各随其形之所附，光华发越，莫不日新月异。学者心思绸绎，义理无穷，经学亦日为阐明。"孟醒仁的《吴敬梓年谱》中说："按此文从针对当时在学术上存在汉宋之争而出发，未表彰宾谷治学无门户之见，惟理是从之精神，立义甚高，文亦足以达之。"

《玉剑缘传奇序》是吴敬梓为他的好朋友李本宣的《玉剑缘》传奇作的序。李本宣，字蓬门，扬州人，久居南京。吴敬梓和李本宣本是好友，在吴敬梓的诗集中有很多诗歌是写给李本宣的，诸如《酬李蓬门》《陈仲怡刺史留饮寓斋看灯屏同李蓬门作》《腊月将之宣城留别蓬门》等，李本宣也为吴敬梓的《文木山房文集》作序，可见两个人的关系非常密切。

李本宣创作的《玉剑缘》传奇，在《今乐考证》《曲考》《曲海目》等都有著录，由李本宣和吴敬梓的好友宁楷"点次"，全剧共三十六出，其中第一出介绍了全剧的梗概：

>杜子才华，家藏玉剑，光芒灿然。有痴肥公子，乘机欲夺；颠狂侠友，仗义相援。挥动尘仙姬，卖珠女弟，

吴敬梓

一笑相思两意悬。遭魔障,幸庙中神女,说与姻缘。无端妙选朝天,又祸结兵戈杀气连。喜情通戚婉,佳人内释;文高殿陛,才子廷宣。破贼有功,辞婚不允,相府乘龙摆喜筵。浮生事,算只应如此,便合神仙。

这部戏曲叙述的是传统的悲欢离合的男女故事,但是吴敬梓还是比较重视的,一方面是吴敬梓和李本宣的情谊关系,还有一方面就是吴敬梓本身对戏曲的喜爱。吴敬梓早年的时候就对戏曲产生兴趣,他所交往的一些文人、学者也有对戏曲比较有研究的,从其小说《儒林外史》中塑造的伶人形象来看,吴敬梓对伶人以及戏曲还是颇有研究的,在这篇序中吴敬梓也阐述了自己的戏曲主张。

在序言中吴敬梓指出文人创作戏曲的主要目的是为了抒发一己之怀,寄托自己的感慨,他认为"君子当悒郁无聊之会,托之于檀板金樽以消其块磊"。吴敬梓也对当时社会戏曲的主要内容和李本宣的这部戏曲提出了自己的意见,在序言中他说"南北曲多言男女之私心,雕镂劖刻,畅所欲言,而后丝奋肉飞,令观者惊心骇目","至《私盟》一出,几于郑人之音矣"。当然了对这部戏曲也有赞美的地方,"述杜生、李氏一笑之缘,其间多所间阻,复有铁汉之侠,鲍母之挚,云娘之放,尽态极妍",赞扬这部戏曲情节曲折,变化多段,对人物的描写也十分的生动。序中有这样一段话:

然吾友二十年来勤治诸经,羽翼圣学,穿穴百家,方立言以垂于后,岂区区于此剧哉!子云"悔其少作",

而吾友尚未即悔者，或以偶发于一时，感于一事，劳我精神，不忍散失。若以此想见李子之风流，则不然不然也。

从这段话里可以看出，吴敬梓把治经看作是正道，由于时代的局限，还是对戏曲抱有偏见。

吴敬梓现存的这两篇散文，更多的是吴敬梓借着写序言的机会来表达自己对治经和戏曲的见解。文章在行文的时候多是骈散相间，语言自然流畅，节奏感强，有较强的说服力和感染力。

3. 吴敬梓的骈文

吴敬梓的骈文仅存三篇，分别是《石臞诗集序》《玉巢诗草序》和《修洁堂集略序》。沈宗纯在《文木山房集词序》中说吴敬梓"夙擅文雄，尤工骈体"，对吴敬梓的骈文创作给予了肯定。

《石臞诗集》的作者是汤懋绅，字齐三，号石臞，安徽人。《巢县志》中载："少倜傥，好游侠，已而折节为诗，往来汝颍间，诗益进。"雍正元年（1723年）随兄长到京城，结识了朱草衣。二十四岁的时候病逝。在其逝世后一两年的时候，吴敬梓受好友朱草衣的委托，为其遗作写了序。其诗集《石臞诗集》前共有七篇序言，吴敬梓的序言是其中的第三篇。

在文章的开始，吴敬梓盛赞汤懋绅的文学才华：

家本通华，才称绮丽。七龄挥客，辨座上之杨梅；五岁摊书，易赋中之《枯树》。兄为灵运，感新句于西堂；弟是少游，寄闲情于下泽。正好邺侯珊架，探来玳

瑨千函；常使奉礼锦囊，贮就葡萄一篚。熏炉茗碗，微吟于花明日丽之时；棐几湘帘，晏坐于月白风清之候。赤文绿字，应虎气之难埋；玉轴牙签，有龙宾之常守。

有此才华的人却不幸英年早逝，吴敬梓为此深表遗憾和感慨，在文章的最后作者对这部诗集给予了充分的肯定，"悬以国门，自合不胫而走；肱之篋衍，仍疑破壁以飞"，认为汤懋绅的诗歌一定会流传后世。

《玉巢诗草序》是为徐紫芝著的《玉巢诗草》四卷作的序。徐紫芝，字凤木，一字玉巢，安徽建德人。《建德县志》中记载他曾经南游湘汉，北走燕云，在南京的时候与袁枚等知名文人相交往。与吴敬梓同被推荐参加博学鸿词科的考试，曾在科场三十余年，屡次参加考试未果。《玉巢诗草》前有序言三篇，其中的第三篇是吴敬梓所作。孟醒仁《吴敬梓传》中说："紫芝工诗，隐逸而好远游者，亦先生同调。"

在《玉巢诗草序》中，吴敬梓对徐紫芝的诗歌创作大加赞扬，"吾友玉巢大兄，技擅雕龙，梦能吞凤。才情绮丽，人称系出容居"，之后排列出历史上许多著名的文学家的集子，如温庭筠的《握兰集》、徐陵的《玉台新咏》等，认为徐紫芝的诗集可以与这些人的作品相媲美，行文中充满了溢美之词。文章中还多处使用典故或化用前人的诗句。例如"杜陵性癖，惟佳句之是耽"，出自杜甫《江上值水如海势聊短述》中的"为人性僻耽佳句，语不惊人死不休"。"柳文畅雅音未就，继以击琴"用的是南朝梁柳恽的典故，《南史·柳元景列传》附《柳恽》载："初，恽父世隆弹琴，为士流第一。恽每奏其父曲，常感思，复变体备写古曲。尝

赋诗未就,以筯棰琴,坐客过,以箸扣之,恽惊其哀韵,乃制为雅音"等等。

宁楷的《修洁堂集略》前有序言六篇,吴敬梓的《修洁堂集略序》是其中的第三篇。宁楷(1712—1801),字端文,号栎山。曾经做过教谕,之后一直以掌教书院为业,年八十闭门不出,直至九十岁谢世。宁楷的老师杨绳武也是吴敬梓的长子吴烺的老师,所以吴敬梓和宁楷的关系也非同一般。

这篇骈文行文流畅,在骈文的同时运用叙事的手法,间行散文。吴敬梓先是对宁楷的文集大加赞赏。"挑灯展诵,行间则虎仆盘拿;啜茗清吟,字里则龙宾郁崛。具说大纛高牙之上,尽慕奇才;何况谈林翰薮之中,咸称畏友。洵人才之极致,命相知以定文。属在老天,为谈往事。钩雨飞兔,扬子云曾是知音;翔鸟驱驴,冯敬通每为嘉叹。英才踔甚,平原不数祢衡;逸气奔腾,洛下何知贾谊?"把宁楷与历史上的名人与相比,突出宁楷的文学才华。

这三篇骈文对仗工整,用典贴切,很好地化用前人的诗句,句调整齐,音节铿锵。

四、吴敬梓的《儒林外史》

吴敬梓在文学方面有诸多的成就，但最为我们现代人所重视的即他的小说《儒林外史》。在中国如此多的古典小说中，被鲁迅先生许以"伟大"二字的，只有两部书，吴敬梓的《儒林外史》便是其中之一。

这部巨著创作于雍正十一年（1733年）吴敬梓移家南京之后，他在寓居秦淮水亭不久后写的《移家赋》中曾说：

> 蛟入仲舒之怀，凤吐子云之口，染翰列玄中之名；别馆著紫方之号。金棱玉海，连城足比；秃友退锋，成功可期。千户之侯，百工之技，天不予梓也，而独文梓焉。追为此赋，歌以永言。悲切怨愤，涕洹流沫，左思之赋覆酱瓿，詎其然乎？李贺之诗投溷中，是吾忧也！

这时期的吴敬梓感觉到自己在仕途上已经没有什么大展宏图的可能，上天也没给自己百工之技，自己只能在文学上有所成就了。这大概是吴敬梓开始发愤著书的开始。当然吴敬梓在诗文方面也很有成就，在他的诗文中他会把自己的一些经历和想法写入其中，但

毕竟是零散的，也不够深入。在经历过、看过、感受过科举对士子的伤害之后，巨著《儒林外史》的创作也就成为了必然。

吴敬梓能够写成《儒林外史》，也与他良好的文学基础有莫大的关系。吴敬梓在《移家赋》中说："梓少有六甲之诵，长余四海之心。"吴檠《为敏轩三十初度作》中说："何物少年志卓荦，涉猎群经诸史函。"金两铭《和作》中有这样的句子："生小心情爱吟弄，红牙学歌类薛谭。旗亭胜事可再见，新诗出口鸡舌含。三河少年真皎皎，风流两字酷嗜贪。"从这些材料可以知道，吴敬梓从小就博览群书，诗词文自不必说，野史、轶闻也有所涉猎。之前的知识积累，加之后来的经历，为吴敬梓的创作提供了一个巨大的空间。吴敬梓把自己的见闻、经历、思想等都融入在了这部小说中，应该说《儒林外史》是一部吴敬梓的辛酸史，士子的血泪史，真实地反应当时社会的现状。

吴敬梓经过构思，着笔和艰辛的写作，这部小说终于在乾隆十三年（1748年）到乾隆十五年（1750年）之间大体完成。吴敬梓的好友程晋芳曾经写了组诗《怀人诗》，其中第十六首是怀念吴敬梓的。诗的最后四句说："《外史》纪儒林，刻画何工妍。吾为斯人悲，竟以稗说传！"这表明，在吴敬梓生前，《儒林外史》这一巨著已经完成，并在士子中广为流传，享有盛名。

可惜的是这部作品诞生之初，并没有刻本行世。乾隆三十五年（1770年）、三十六年（1771年）程晋芳写的《文木先生传》中曾说："《儒林外史》五十卷，穷极文士情态，人争传写之。"可见直到这一时期，《儒林外史》还是以传抄的形式流传。之后一个半世纪中，扬州、苏州、上海等先后成为刊印《儒林外史》的中心，也出现了许多的刻本，目前能看到的最早的刻本是嘉庆

八年（1803年）卧闲草堂的巾箱本，共十六册，五十六回。之后主要的刻本有清嘉庆二十一年（1816年）的清江浦注礼阁本和艺古堂本，五十六回。咸丰四年（1854年）之前的苏州潘氏滂喜斋抄本，五十六回。同治八年（1869年）有金和跋语的苏本群玉斋活字本，五十六回。同治十三年（1874年）九月上海申报馆第一次活字排印本，五十六回。同治十三年（1874年）十月齐省堂增订活字本，五十六回。光绪十四年（1888年）上海洪宝斋增补齐省堂石印本，六十回。

（一）《儒林外史》的思想内容

《儒林外史》是一部博大精深的著作，关于这部书的思想、作者的创作意图历来众说纷纭。

程晋芳在吴敬梓过世十余年的时候，在《文木先生传》中指出《儒林外史》"穷极文士情态"，指出这部书主要描写了当时儒林、文士。《儒林外史》最早的版本卧闲草堂本卷前有署名闲斋老人创作于乾隆元年（1736年）的评论中说："名之曰儒林，盖为文人学士而言。"（第三十七回回评）在第一回中闲斋老人认为作者的着眼点在于"功名富贵四字"。后来的很多人延续这一说法，并把"功名富贵"引申为"仕途"。五四运动的时候，胡适在其《吴敬梓传》中批评科举考试使用八股文，《儒林外史》就是让读者知道"举业的丑态"、知道"官的丑态"。之后鲁迅在《中国小说史略》中也说《儒林外史》"秉持公心，指摘时弊，机锋所向，尤在士林"。鲁迅先生认为《儒林外史》除了把矛头指向士子的奇形怪状之外，还涉及一些"贞士""奇人"，非常全面。后来的研究者把眼光放宽，从《儒林外史》中的人物看向当时的社

会。茅盾曾说:"它无情地暴露了当时的封建统治阶层的腐朽和愚昧,辛辣地讽刺了当时在'八股制艺'讨生活的文人,特别是它热情地赞美了来自社会底层的富于反抗精神和创造才能的'小人物'。"(《吴敬梓先生逝世二百周年纪念会开幕词》)在此基础上,"穷极文士情态"、批判八股科举、反对虚伪礼教、抨击社会黑暗等几乎成为后来研究者对于主题的共识。不同的时代对《儒林外史》有不同的见解,但都不能游离于小说所描写的形形色色的士人的生活、思想,也不能独立于吴敬梓的时代、经历和想法。

1. 对儒林中各色士子的描写

《儒林外史》把描写的背景定在了明代,历时一百余年,而小说中描写的主要人物,就是这一百余年间形形色色的士子。鲁迅在《中国小说史略》中这样说过,《儒林外史》"全书无主干,仅驱使各种人物,行列而来,事与其来俱起,亦与其去俱讫。"全书没有贯穿始终的人物,没有所谓的主角、配角之类。各种各样的士子在这本书中来来往往,如同一部电影,你唱罢来我登场。而选进书中的士子又都是社会上极其平凡的一类人,他们虽然来自不同的阶层,有不同的身份,但无一例外,都是生活中普普通通的人。胡适曾说《儒林外史》"既没有神怪的话,又很少儿女英雄的话;况且书里的人物又都是'儒林'中人,谈什么'举业'、'选政',都不是普通一般人能了解的。因此,第一流小说之中,《儒林外史》的流传最不广"(《五十年来中国之文学》)胡适指出,也就是因为书里面描写的人物都是士子,也是这本书不在社会上广为流传的主要原因。

(1)被科举禁锢思想的士子

吴敬梓

封建社会的文人学士，一直秉承着"学而优则仕"的观点，为了牢笼和驱策人才，统治者采用科举考试的方法，广开仕途。吴敬梓在《儒林外史》第一回便通过书中的理想人物王冕之口否定了当时礼部议定取士之法：三年一科，用《五经》《四书》、八股文。为什么这个取士的办法不好，王冕在书中直接说了出来："这个法却定的不好。将来读书人既有此一条荣身之路，把那文行出处都看得轻了。"也因为有了这样一条荣身之路，很多士子就专注于《四书》《五经》，写八股文章。科举考试就是要"代圣贤立言"，士子既不可以发挥自己的见解，也不可以联系社会现实，完全在程朱理学的范畴之内。文章的形式也有严格的要求，一篇文章一定要分成八股，每一股都有固定的格式，应考的人只是机械性地把儒家经典的东西串起来并填在自己的文章里，可以想象这些文章是怎样的空洞乏味。

为了通过科举考试顺利入仕，很多文人学士一门心思地苦读《四书》《五经》，刻苦练习八股文章。因为做了举人就可以跻身于上层社会，就与一般的百姓不同，如果能够考中进士，那就可以在翰林院或者中央六部任职，并且为下一步的飞黄腾达打下了良好的基础。这就把科举考试与仕途、富贵、光宗耀祖等联系起来。

文人对八股文和"举业"的看中，《儒林外史》中有很多描写。第三回中，周进主持南海、番禺两县的童生的考试，考生魏好古请周进面试时说："童生诗词歌赋都会，求大老爷出题面试。"周进生气地说："当今天子重文章，足下何须讲汉唐，像你做童生的人，只该用心做文章，那些杂览，学他做甚么！况且本道奉旨到此衡文，难道是来此同你谈杂学的么？"除了八股文之

外，其他的一概不许涉猎。这样的考官挑选出来的学生就可想而知是怎样的人了。

第十一回中鲁编修教五岁的女儿《四书》《五经》，女儿十二岁的时候开始学作八股文。还对他的女儿说："八股文章若做的好，随你做甚么东西，要诗就诗，要赋就赋，都是一鞭一条痕，一掴一掌血。若是八股文章欠讲究，任你做出甚么来，都是野狐禅、邪魔外道！"对八股文的顶礼膜拜甚至渗透到不能参加科举考试的女子心里。可知当时的士子对八股文已经偏执到了什么地步！

尤其是小说的第十三回，马二先生的一番话。

> 举业二字，是从古及今人人必要做的。就如孔子生在春秋时候，那时用"言扬行举"做官，故孔子只讲得个"言寡尤，行寡悔，禄在其中"，这便是孔子的举业。讲到战国时，以游说做官，所以孟子历说齐梁，这便是孟子的举业。到汉朝用"贤良方正"开科，所以公孙弘、董仲舒举贤良方正，这便是汉人的举业。到唐朝用诗赋取士，他们若讲孔孟的话，就没有官做了，所以唐人都会做几句诗，这便是唐人的举业。到宋朝又好了，都用的是些理学的人做官，所以程、朱就讲理学，这便是宋人的举业。到本朝用文章取上，这是极好的法则。就是夫子在而今，也要念文章、做举业，断不讲那"言寡尤，行寡悔"的话。何也？就日日讲究"言寡尤，行寡悔"，那个给你官做？孔子的道也就不行了。

这番话道出了当时的社会，士子的整个生活就是科举，也就

是八股文，所以只有程朱理学才是学问，其他的一切都给予否定。你如果想出人头地，没有别的出路，就是"举业"二字而已。

吴敬梓在《儒林外史》在开篇第一回引了一首词：

人生南北多歧路，将相神仙，也要凡人做。百代兴亡朝复暮，江风吹倒前朝树。　　功名富贵无凭据，费尽心情，总把流光误。浊酒三杯沈醉去，水流花谢知何。

在下文的解释中说："人生富贵功名，是身外之物，但世人一见了功名，便舍着性命去求他。及至到手之后，味同嚼蜡。自古及今，那一个是看得破的！"小说中就描写了很多一门心思考科举、看不破功名富贵的士人。周进六十多岁还是一个童生，穷困潦倒不说，还成为别人耻笑的对象，即使受尽了苦难，也没有放弃自己的举业。积累起来的心酸、苦楚和屈辱，在看到号板的时候终于发作了。撞天字号号板是周进内心发泄的一个途径，直到此时他也没有想过生活中的其他路子。在他的心中除了科举之外别无他物。当几个商人商量给他出钱捐个监生的时候，他也不顾耻辱趴在地下磕头，读书人的尊严荡然无存。当周进后来中了举人、进士，一路在仕途上飞黄腾达的时候，周围人的嘴脸又一变，科举制度下的世风顿现。

类似于这样的士子在《儒林外史》中俯首即是，痰迷心窍的范进、教女儿学做八股文的鲁编修、徇私舞弊的匡超人等等。这些对迷信科举的士子一旦如愿，要么变成周进那样，成为科举考试的主考或学政，继续用自己的标准来选拔人才，要么变成王惠

那样，把做官作为盘剥钱财的途径。

《儒林外史》第八回中王惠出任南昌知府，与前任知府交割的初期，本不肯接受，后来蘧太守的儿子蘧公子说："老先生不必过费清心。家君在此数年，布衣蔬食，不过仍旧是儒生行径，历年所积俸余，约有二千余金，如此地仓谷、马匹、杂项之类，有甚么缺少不敷处，悉将此项送与老先生任填补。家君知道老先生数任京官，宦囊清苦，决不有累。"得知前任太守留有余金给他，才满心欢喜地接下。他上任伊始，不问县府情况、不问百姓情况，却一心想着捞钱。文中说王太守问："地方人情，可还有甚么出产？词讼里可也略有些甚么通融？"他惦记的就是"三年清知府，十万雪花银"。蘧公子说到其父亲为官时期，地方上讼减轻刑，衙门里有的是吟诗声，下棋声，唱曲声。讽刺王惠到："将来老先生一番振作，只怕要换三样声息！""是戥子声，算盘声，板子声。"这样的一位官员，后来却成了"江西第一能员"，还因为在南昌的政绩升迁为南赣道台。也就是这样能干的官员，在遭遇宁王叛乱时，乘着小船连夜逃跑，被宁王俘虏的时候一点尽忠报国的意识也没有，直接归降。

除了这些士子，小说中还描写了一些道德品行不好，行为不端的文人。第四回中范进和张静斋要到高要县见汤知府，严贡生过来攀附，大言不惭地说："小弟为人率真，在镇里之间，从不晓得占人寸丝半粟的便宜，所以历来的父母官，都蒙相爱。"却就是这样的人，把自己家的小猪卖与别人，等猪长大后，误闯到自己家，就让别人拿钱来买。没有借给别人钱，却向别人索要利钱。这是对邻里，对自己的弟弟也是这样，自知其弟弟过世后，谋图与弟弟的妾争夺财产，儿子大婚之时，赖船钱，真可谓劣迹斑斑，

吴敬梓

吴敬梓在小说中刻画了一个忘恩负义、厚颜无耻的士子。

这样的士子在《儒林外史》里也很多。在第十七回中描写了匡超人本来在知县李本瑛的帮助下考取了秀才，可学里门斗说县里老师要进见礼，匡超人恼了，道："我只认得我的老师！他这教官，我去见他做甚么？有甚么进见之礼！"拒入县学教谕为师，描写了他的势力，后来李本瑛出事，匡超人怕牵连自己，连夜逃走了。第十九回里，匡超人又和潘三联手，制造假公文。为了得五百两银子，代别人考试。做这些事情的都是从小学着儒家的经典典籍，满口仁义道德的知识分子。在《儒林外史》里，吴敬梓通过对这些士子的言行的描写，对这些文人进行了深刻地揭露和批判。

(2) 独立于科举之外的士子

当然了，社会上的士子也是良莠不齐的，吴敬梓在《儒林外史》里描写了一些受到科举残害和品行恶劣的士子之外，也塑造了一些能够独立于封建社会科举考试之外，有自己的社会理想和生活情趣的士子，这些人在小说中是吴敬梓所赞扬的一类人，与前面的那些士子相比，他们具有文人的高尚品行，也是吴敬梓心目中的理想人物。

《儒林外史》在第一回就描写了一位名流——王冕。关于王冕，元代徐显、明代初期的宋濂、清代初期的朱彝尊等都有传记存留，但是小说中的王冕经过了吴敬梓的艺术加工，成为作者心目中理想的范式。王冕在小说中是一位不压抑个性、讲孝道、重自然，富于才情且饱有学问的人。为了不成为母亲的负担，给别人放牛，自己读书。"遇秦家煮些腌鱼腊肉给他吃，他便拿块荷叶包了回家，递与母亲"。年纪不过二十，天文、地理、经史上的

大学问，无一不贯通。这样一位才子不求官爵，不贪功名。因为画荷花出了名，权贵危素想与其结识，他却托病不见，当地知县亲自去请，王冕也避走他处，他自有他的一番道理："时知县倚着危素的势，要在这里酷虐小民，无所不为。这样的人，我为甚么要结与他？"（第一回）

王冕的母亲倒是对官场看得很透彻，在临去世的时候她对王冕说的一番话，大有学问。

> 我眼见得不济事了。但这几年来，人都在我耳根前说你的学问有了，该劝你出去作官。作官怕不是荣宗耀祖的事，我看见这些作官的都不得有甚好收场。况你的性情高傲，倘若弄出祸来，反为不美。我儿可听我的遗言，将来娶妻生子，守著我的坟墓，不要出去作官，我死了口眼也闭！

后来，因为王冕名声在外，朱元璋专程前去拜访，恭敬备至，关于治天下的道理，王冕有自己的看法："若以仁义服人，何人不服？岂但浙江。若以兵力服人，浙人虽弱，恐亦义不受辱。"后得知朱元璋要征辟自己去做官，他连夜逃到会稽山中，隐居不出。比一般的贤人又多了一份隐逸，这又让我们想起在小说中王冕照着《楚辞图》屈原的衣冠，戴着高帽，穿着阔衣，遇着花明柳媚的时节，用一辆牛车载了母亲，"执着鞭子，口里唱着歌曲，在乡村镇上，以及湖边，到处玩耍，若得乡下孩子们三五成群跟着他笑，他也不放在意下"，颇有几分任诞的狂劲。

吴敬梓把王冕放在全书的第一回，借其隐括全文，重要的意

义自不必说，这样一位理想中的人物，自然是吴敬梓崇拜的，也应该是当时儒林里的典范人物。卧闲草堂在第一回回末中有这样的评价："盖天地之大，何所不有，原有一种不食烟火之人，难与世间人同其嗜好耳。"这样的人物毕竟过于高洁、理想化，只是一种可望而不可即的高尚人物，故吴敬梓把他放在楔子里。

除了这样高洁的人物之外，吴敬梓在《儒林外史》里还描写了一些能够辞却富贵功名，品第为最上一层，为儒林中流砥柱的"真儒"。诸如虞育德、庄绍光、杜少卿、迟衡山等。这些"真儒"的共同特点是反对八股制艺，富有才情，文章品行兼备，且能够淡泊名利。

在四十九回中，迟衡山看不起"只不过讲个举业"的朋友，当面教训高翰林这一类人说："讲学问的只讲学问，不必问功名；讲功名的只讲功名，不必问学问。若是两样都要讲，弄到后来，一样也做不成。"迟衡山对八股文看得比较透彻，故对于学问和功名自有论断。在同一回中武书道："提起《毛诗》两字，越发可笑了。近来这些做举业的，泥定了朱注，越讲越不明白。五、四年前，天长杜少卿先生纂了一部《诗说》，引了些汉儒的说话，朋友们就都当作新闻，可见'学问'两个字，如今是不必讲的了！"从这可以看出，杜少卿是把做学问和做文章结合在一起的。

杜少卿在小说中是一个极富才情的人，虞育德称赞"他的才名，是人人知道的，做出来的诗文，人无有不服。"（第三十六回）这样富有才情的人，却能看淡功名。安徽巡抚李大人想要推荐他参加博学鸿词科的考试，他却装病不去，妻子不解，杜少卿却说："你好呆！放着南京这样好顽的所在，留着我在家，春天秋天，同你出去看花吃酒，好不快活！为甚么要送我到京里去"

（第三十四回）？庄绍光奉旨入京，"九卿六部的官，无一个不来拜望请教"，别人会非常高兴，他却"会得不耐烦"。权倾朝野的大学士太保公想要把他"收之门墙"，他却断然拒绝。辞官归来的时候，各级官员都来拜会，他却加快行程，回到南京之后，为了躲避地方官员、乡绅的打扰，竟然搬到了玄武湖的湖中居住。别人趋之若鹜的事情，他却避之唯恐不及。

当然了，在封建社会也得考虑生计问题，一些士子为了生活，不得不谋求一官半职，而能够维持温饱之后，就辞官回家，过自己想要的日子。虞育德就是这样的一个人。他曾对杜少卿说："我本赤贫之士，在南京做了六、七年博士，每年积几两俸金，只挣了三十担米的一块田。我此番去，或是部郎，或者州县，我多则做三年，少则做两年，再积些俸银，添得二十担米，每年养着我夫妻两个不得饿死，就罢了。子孙们的事，我也不去管他。现今小儿读书之余，我教他学个医，可以糊口，我要做这官怎的？"（第四十六回）宁可要子孙有一技之长，也远离仕途。

无论是高洁隐士王冕，还是儒林中的真儒虞育德、杜少卿、庄绍光、迟衡山等，这些都是吴敬梓概念里理想的化身，他们都是有德有才，重品行、重节操的一类人，是所有的士子学习的楷模。

在小说的结尾，吴敬梓有这样的一段话："话说万历二十三年，那南京的名士都已经渐渐销磨尽了。此时虞博士那一辈人，也有老了的，也有死了的，也有四散去了的，也有闭门不问世事的。"前面提到的这些真儒，即使他们能够挣脱封建科举的牢笼，看清封建官制的真实面目，能够在自己的理想模式下生活，可终究还是一个被销磨的结果。封建士子即使认识封建社会的一些弊

端，在理想与现实中努力挣扎，可终究找不出自己出路，这也是生长在封建社会的吴敬梓所无法看透的。

总之，在《儒林外史》中，吴敬梓给我们展示了一幅封建社会的士子图，在这些士子之中，既有执着科举之制不能自拔的一类，也有看清科举弊端，不被拘束的一类。不管是哪一类士子，都是当时社会儒林的真实面貌，通过这样一个个人物的连缀，吴敬梓给我们看的是整个封建社会儒林的缩影，这部小说的意义也就在于此。

2. 反对科举制度与封建礼教

科举制度从隋代诞生一直延续到清代光绪年间，有一千多年的历史，成为封建社会这一阶段重要的选官制度。它存在这么长时间，应该说是有一定的历史意义的。在开始推行科举制度之初，科举制度是能够顺应社会的发展，在一定时期内起到了积极作用。但是随着封建制度的日益衰败，科举制度也越来越不能顺应发展，越来越僵化。尤其是从宋代开始，科举制度的形式渐渐固定，主要以八股的形式作为考试文章的基本形式，内容也固定在了朱熹、程颐等理学家解读的《四书》《五经》上，作为应考的士子，只能代圣立言，说的都是孔孟之道和程朱理学。科举制度发展到明清时期，内容和形式更为僵化，士子只能为科举而学，渐渐地也就越来越失去自我，成为科举考试的牺牲品。卧闲草堂第二十五回回评中说："自科举之法行，天下人无不锐意求取科名。"天目山樵在第十三回夹批中说："何以要做举业？求科第耳。何以要求科第？要做官耳。"吴敬梓就是因为看清了科举考试的弊端，所以在他的小说中是以反科举，反八股为主要目的。

《儒林外史》第一回中作者借着王冕之口就对明代建国初年，礼部议定的取士之法表示了否定，直接说"这个法却定的不好"，为什么不好？用《四书》《五经》和八股文来考试，规定了考试的具体内容，规定了写法，这就造成了士子机械性地作八股文，不讲究学问，除了八股文，其他知识匮乏。八股文成为读书人唯一的一条路径，让很多的士子趋之若鹜，慢慢迂腐起来。另外，八股取士也造成只讲文章，不看道德品行的结果，选拔出来的很多官员为人卑劣，行为不端。这种僵化的形式也把很多真正贤良之士阻挡在仕途之外。

当然这种选官制度的弊端，当时一些先进的思想家已经意识到，如黄宗羲、顾炎武、颜元、李塨等。他们纷纷站出来，从不同的角度，不同的立场来反对程朱理学，反对八股举业。在这样的大环境下，本身经历无数次科举考试、接受一些先进思想的吴敬梓开始用小说这样的形式对科举进行批判。

《儒林外史》第一回中有这样的一段话：

> 王冕左手持杯，右手指着天上的星，向秦老道："你看贯索犯文昌，一代文人有厄！"话犹未了，忽然起一阵怪风，刮的树木都飕飕的响，水面上的禽鸟格格惊起了许多，王冕同秦老吓的将衣袖蒙了脸。少顷，风声略定，睁眼看时，只见天上纷纷有百十个小星，都坠向东南角上去了。王冕道："天可怜见，降下这一伙星君去维持文运，我们是不及见了！"

贯索和文昌都是星座的名字，贯索象征着人间的牢狱，而文

昌主持人间的文运。贯索犯文昌意味着人间的读书人将会有一场厄运。吴敬梓在这一段话里已经预料到了未来文坛的不幸，文人对科举的执着，对八股文的迷恋，必然导致做学问的匮乏。

为了科第和仕途，很多士子迷失在了科举和八股文中。为了专研八股考试，士子对《四书》《五经》根本不求理解，只会一味地穿凿附会，这样选拔出来的人，于社会、于百姓就没有什么意义可言了。

在第七回中，范进因为周进的关照而考中了进士，后钦点山东学道，在与周进作别的时候周进把一学生荀玫托付给他。在兖州府考试生童，发榜之前想起了周进的嘱托，即在秀才的卷子里找，没有找到，后来又在落榜的童生卷子里找，也没有找到。在一次与幕宾们吃饭的时候，还念念不忘这件事。幕宾中有一个少年蘧景玉说："先生这件事倒合了一件故事。数年前有一位老先生点了四川学差，在何景明先生寓处吃酒，景明先生醉后大声道：'四川如苏轼的文章，是该考六等的了。'这位老先生记在心里，到后典了三年学差回来，再会见何老先生，说：'学生在四川三年，到处细查，并不见苏轼来考，想是临场规避了。'"范进竟然不知道蘧景玉在说他的笑话，竟然愁着眉说："苏轼既文章不好，查不着也罢了，这荀玫是老师要提拔的人，查不着不好意思的。"范进作为进士出身，堂堂山东的主考，竟然不知道苏轼是何人，是怎样的浅薄无知。在当时的社会，这样的进士、官员又有多少？

小说第四回中描写了一个汤知县。朝廷延禁宰杀耕牛，高要县回民"备了五十斤牛肉"贿赂汤知县，希望能够从宽处理。他请教张静斋，张静斋出了个歪主意，还说能够彰显汤知县的一丝不苟，会很快升迁。愚昧无知的汤知县还认为很有道理，还在这

个歪主意上举一反三。第二天早堂断案,"头一起带进来是一个偷鸡的积贼。知县怒道:'你这奴才,在我手里犯过几次,总不改业,打也不怕,今日如何是好?'"于是在偷鸡贼的脸上写了"偷鸡贼"三个字,把他偷来的鸡反面绑在偷鸡贼的头上,鸡拉的屎弄得到处都是,惹来百姓的嗤笑。第二起,将回民老师父叫上来,重责三十大板之后,把五十斤牛肉全堆在枷板上,最后弄出了人命。"众回子心里不伏,一时聚众数百人,鸣锣罢市,闹到县前来",还是学师、典史出来安抚了民众才平息了民变。按察司都说汤知县"忒孟浪了些"。

诸如此类的无知、无能的士子或官吏在小说中还有许多。科举制度的弊端也在小说中凸显出来。因为科举能够荣身,很多人除了苦学八股文之外,还在考试的时候动脑筋。第二十六回中,通过伶人鲍文卿父子的亲眼所见,来描绘科举考试舞弊的场景。

鲍文卿领了命,父子两个在察院里巡场查号。安庆七学共考三场。见那些童生,也有代笔的,也有传递的,大家丢纸团,掠砖头,挤眉弄眼,无所不为。到了抢粉汤、包子的时候,大家堆成一团,跌成一块。鲍廷玺看不上眼。有一个童生,推着出恭,走到察院土墙跟前,把土墙挖了个洞,伸手要到外头去接文章,被鲍廷玺看见,要采他过来见太爷。

借着当时被社会轻视的伶人的眼睛,来看读书人的不端,考试的舞弊,用这样一个鲜明的对比,来反衬科举考试的弊端。

这样的士子即使更够取得功名,也会成为危害社会、危害百

姓的贪官污吏、劣绅恶霸。吴敬梓在《儒林外史》里描写了很多热衷于八股举业的童生、秀才、举人、进士等的丑态和劣迹，通过描写这些一个个为科举、为举业而奋斗的士子的前前后后，从多角度揭露了科举考试的弊端，对科举考试进行了深入和彻底的批判和嘲讽。其实明清时反对科举的小说也有很多，但没有一个如《儒林外史》这样全面、深刻的。

《儒林外史》除了反对科举制度之外，也对封建礼教扬起了反抗的旗帜。

封建社会，历朝历代的统治者为了巩固自己的统治，都倡导儒家的道德规范。明清时期是中国封建社会的末期，这一时期的统治阶级更是把儒家思想和程朱理学等强调到无以复加的地步。归结起来就是封建礼教，用此来维护已经千疮百孔的封建秩序。

封建道德的核心就是孝悌。《论语·学而》里有："其为人也孝悌，而好犯上者鲜矣！不好犯上，而好作乱者，未之有也。"儒家还把孝悌推延到忠心。到了程朱理学，更强调孝、忠为主的礼教。礼教成了明清时期很多士子、官员口中称颂的主要内容。很多人嘴上虽然说着礼教，可却以此为挡箭牌。吴敬梓在他的小说中无情地揭露了很多官吏表面上道貌岸然，背地里却口是心非。对其丑恶的灵魂进行了揭露和嘲讽。

小说第四回中，举人出身的张静斋劝丧母的范进出去打秋风，说："三载居庐自是正理，但世先生为安葬大事，也要到外边设法使用，似乎不必拘拘。现今高发之后，并不曾到贵老师处一候。高要地方肥美，或可秋风一二。"范进本在犹豫，问道："极承老先生厚爱，只不知大礼上可行得？"张静斋道："礼有经，亦有权，想没有甚么行不得处。"即使是守孝在家，也可以找一个借口

出去打秋风,他们所谓的礼教早已被抛到脑后了。在汤知县处宴饮的时候,桌子上用的都是银镶杯箸,范进不肯用,张静斋解释说:"世先生因遵制,想是不用这个杯箸。"后又换了一个瓷杯,象牙的箸,也不行,最后换成竹子的箸才可。汤知县看到范进居丧如此尽礼,怕不用荤酒。"落后看见他在燕窝碗里拣了一个大虾元子送在嘴里,方才放心",礼教在这些表面上恪守的人的心里也就是过眼云烟。

小说第六回中严监生为他的兄长了结了官司病死之后,严贡生才能够返回乡里。但他却有这样一番话:"就是我们兄弟一场,临危也不得见一面。但自古道:'公而忘私,国而忘家。'我们科场是朝廷大典,你我为朝廷办事,就是不顾私亲,也还觉得于心无愧。"用其所谓的为朝廷办事的牌子来掩盖自己的种种丑行,厚颜无耻到了如此地步。以上的这些都是一些伪道学家。

《儒林外史》里还描写了一些为封建礼教毒害的士子。他们对封建礼教深信不疑,沉迷其中而不自知,这些人不仅自己恪守封建礼教,也用这样的思想毒害自己身边的人。这些人比那些伪道学家更可怜,小说中对他们的描写更能充分揭露封建礼教对士子的毒害。

马二先生是一位"补廪二十四年"的老秀才,他自己从来没有从科举中得到一官半职,却不断苦口婆心地劝说别人做举业。在他的劝道之下,把一位好好的名士蘧公孙造就成了一个八股文选家。不仅如此,还把一位质朴的青年人匡超人教悔成了一个堕落、沉沦的人。

小说中最悲惨的莫过于王玉辉。王玉辉没有周进、范进那样的运气。他作了三十年的秀才,是一个非常"迂拙的人",家中非

常清贫，却立志要纂三部书，分别是《礼书》《字书》《乡约书》，以"嘉惠来学"，对于这几本书，他自己解释说《礼书》是为了讲"事亲之礼，敬长之礼"，《乡约书》是"添些仪制，劝醒愚民"，他念念不忘的就是想用封建礼教去教育别人，而他自己何尝不是愚民一个？他的第三个女儿死了丈夫之后，要去殉节，公婆都劝慰她："我儿，你气疯了！自古蝼蚁尚且贪生，你怎么讲出这样话来？你生是我家人，死是我家鬼。我做公婆的怎的不养活你，要你父亲养活？快不要如此！"王玉辉却说："亲家，我仔细想来，我这小女要殉节的真切，倒也由着他行罢。自古'心去意难留'。"还跟他的女儿说："我儿，你既如此，这是青史上留名的事，我难道反拦阻你？"等到女儿真的殉节了，他不知悲伤，反倒劝自己的妻子说："你这老人家真正是个呆子！三女儿他而今已是成了仙了，你哭他怎的？他这死的好，只怕我将来不能像他这一个好题目死哩！"仰天大笑说："死的好！死的好！"（第四十八回）

　　死竟然也会有个好坏题目之分，王玉辉是封建社会被礼教毒害的其中的一个，他残害了一个青年，一个自己的亲生骨肉。虽然后来也心下不忍，"转觉心伤"，却不能从这血淋淋的世事中看清礼教害人的本质。

　　一方面是表面上奉行封建道德的，而实际上抛之脑后的伪道学家们，一面是深受其害而不自觉的迂腐士子们，这些人都是吴敬梓笔下批判的对象，应该说，吴敬梓正是通过这些人的言行，来揭露礼教的虚伪，揭露礼教害人的本质。

　　从上面的论述可以知道，《儒林外史》批判封建礼教、程朱理学是深刻的。但是由于其自身的眼界和思想，还未与其做彻底

的决裂，这也是吴敬梓自身思想的局限性造成的。

3. 描写社会其他人物

《儒林外史》中描写、刻画了许多士子的形象，不论卑劣还是高洁，他们都在封建社会中占有一席之地，当然了在小说中，除了形形色色的士子之外，吴敬梓还描写和很多其他阶层的人物，诸如僧道、伶人、农民、商人、占卜的人等等，这些人物在小说中也起到了重要作用，也是作者思想的一种体现。

吴敬梓在小说中除了士子之外描写的这些人，也有优劣之分，一类人，即使不在仕途，也在他称赞的范围之内。另一部分，却是吴敬梓批判、反对的对象。

虽然在士林中有虞育德、杜少卿、庄绍光等真儒，但是仅靠他们来拯救业已堕落的士风，似乎也是非常艰难。小说第五十五回中说南京的名士都已经渐渐销磨尽了，真儒们用来大兴古礼、古乐的泰伯祠，也已经残颓不堪，"屋山头倒了半边"，"两扇大门倒了一扇"，"大殿上榈子都没了"，祠里也生满了野草野菜。"多少有钱的，拿着整千的银子去起盖僧房道院，那一个肯来修理圣贤的祠宇！"世风日下，人心不古，吴敬梓对儒林抱有的希望越来越小，最终将目光放在了市井，希冀从中能够找到具有理想人格的人，对士林产生好的影响。小说的第五十五回《添四客述往思来，弹一曲高山流水》就描写了四个市井奇人。这四个市井奇人有着共同的特点，就是虽然生存于市井之间，但却没有一般市井小民的特点，都有鲜明的个性和独立的人格，不贪求功名利禄，在琴棋书画方面各有自己的一技之长。

其中之一是擅长书法的季遐年，他无家无业，在寺院里安身，

吴　敬　梓

"他的字写的最好，却又不肯学古人的法帖，只是自己创出来的格调，由着笔性写了去"。如果有人要请他写字，"却是要等他情愿，他才高兴。他若不情愿时，任你王侯将相，大捧的银子送他，他正眼儿也不看。"他为人随性，不修边幅，怎么得意怎么来。施御史的孙子请他写字，他不情愿，季遐年迎着脸大骂道："你是何等之人，敢来叫我写字！我又不贪你的钱，又不慕你的势，又不借你的光，你敢叫我写起字来！"

擅下棋的王太，王太靠卖火纸筒过活，从小喜欢下棋。与被称为"天下的大国手"的马先生对弈，最后胜出，大家请他吃酒，他却说："天下那里还有个快活似杀矢棋的事！我杀过矢棋，心里快活极了，那里还吃的下酒！"

擅长画画的盖宽，本来是开当铺的，后来嫌弃周围的俗气，开始画画，与一些文人交往，爱才如命，乐善好施。后来家境渐渐不好，最后只"带着一个儿子、一个女儿，在一个僻净巷内，寻了两间房子开茶馆"。闲着没事的时候，就在柜台里看诗、画画。家里的东西都变卖了，只有几本古书不肯卖。

最后一位就是擅长弹琴的荆元，荆元是一个裁缝，喜欢弹琴写字，也很喜欢作诗。因为他的爱好，朋友劝他和文人交往，放弃自己的行当。他却说："我也不是要做雅人，也只为性情相近，故此时常学学。至于我们这个贱行，是祖父遗留下来的，难道读书识字，做了裁缝就玷污了不成？况且那些学校中的朋友，他们另有一番见识，怎肯和我们相与？而今每日寻得六七分银子，吃饱了饭，要弹琴，要写字，诸事都由得我，又不贪图人的富贵，又不伺候人的颜色，天不收，地不管，倒不快活？"直接说出自己喜欢诗琴、书法，只是性情而为，没有任何目的性。做生意也可

以读书写字，二者不相矛盾，喜欢自由自在的生活。

吴敬梓在真儒风流云散之后里描写了四位奇人，既然真儒不能够拯救士林，那么这些市井之人或许可以。他们都有一技之长，能够维持生计，并且有自己的精神追求，保持自己的性情爱好，即使是市井之人，也可以善长琴棋书画，不是读书人，也可以有读书人的尊严和读书人的快乐。应该说这四个人是吴敬梓理想中的人格范式，也是他历经各种磨难之后自己追求的境界。生活在封建社会的吴敬梓有这样的认识是难能可贵的。

除了这四位奇人之外，吴敬梓在小说中还塑造了几位伶人形象。在明清时期，由于商品经济的发展，市民阶层的需要，戏剧越来越兴盛，随之而来的就是唱戏的和以戏剧为业的人越来越多。但是即使这样，伶人这一行业也还受着社会的各种压迫，他们的生活非常艰辛。在封建社会，唱戏这一行被称为"贱业"，社会地位很底下。虽然是社会底层的人物，吴敬梓的小说中也表现了他们身上的优秀品质。

在小说中描写伶人，这与吴敬梓自己从小爱好戏剧有很大的关系，金两铭说他"生小性情爱吟弄，红牙学歌类薛谭"（《为敏轩三十初度作》）。在吴敬梓的诗文中也有一首《老伶行》的诗。吴敬梓对这位"潦倒梨园五十年，萧萧白发暮江边"的演员穷困暮年，倾注了极大的同情，并以自己更为不幸的遭遇劝慰他："我语老伶声勿吞，曾受君王赐予恩。才人多少凌云赋，白首何曾献至尊"。吴敬梓根据自己的爱好和自己生活中接触到的一些歌女、伶人，在《儒林外史》里的塑造了伶人鲍文卿的形象。小说中的鲍文卿是一个非常敬重斯文，且能够坚持原则，有情有义的人。

在《儒林外史》中，鲍文卿本是崔按察司家的一个戏子。安东县知县向鼎惹了官司，鲍文卿本与他素不相识，因为佩服他是个才子，就向崔按察使求情。向鼎得知之后非常感谢他，给他银两，他也拒收，说："这是朝廷颁与老爷们的俸银，小的乃是贱人，怎敢用朝廷的银子？"（第二十四回）后来遇到了给人修补乐器糊口的倪霜峰，得知倪霜峰是个秀才，就对他非常恭敬，为了救济他，把倪霜峰的儿子倪延玺过继过来，善待有加，让倪延玺学了两年书，好过对自家的孩子。在倪霜峰过世之后，还让倪延玺披麻戴孝，自己也哭了几场。从这几件事里可以看出，鲍文卿这一形象是吴敬梓所赞美的，主要是肯定他对斯文的敬重，即使被当时社会的人视为"贱民"，可其品质却是崇高的。在小说中向鼎说："他（鲍文卿）虽生意是贱业，倒颇多君子之行。"（第二十六回）除了敬重斯文之外，鲍文卿还是一个特别正直，能够坚守自己原则的人。安庆府里的两个书办，要他向向鼎求情，许他五百两银子，可鲍文卿断然拒绝，说："自己知道是个穷命，须是骨头里挣出来的钱才做得肉，我怎肯瞒着太老爷拿这项钱？况且他若有理，断不肯拿出几百两银子来寻情。若是准了这一边的情，就要叫那边受屈，岂不丧了阴德？"（第二十五回）

在吴敬梓笔下，生活在社会底层，从事并不高尚职业的戏子尚且能够具有良好的品质，通过自己的劳动自食其力。用鲍文卿这一形象来反衬士林中的一些人，虽是所谓的读书人，可做出来的事情却并不光明磊落。作为封建社会读书人的吴敬梓能够看出自己阶级的问题，这是难能可贵的，但由于作者思想的局限性，吴敬梓还是把鲍文卿看做社会底层的人物，小说中对其奴性也大加赞美。比如鲍文卿对向鼎毕恭毕敬，虽然是向鼎的救命恩人，

可仍然不敢与之平起平座。最后还是让管家来招待他，他才安心。回到家乡之后看见自己之前认识的钱麻子，头戴高帽，身穿宝缎直裰。脚下粉底皂靴。他却说："像这衣服、靴子，不是我们行事的人能够穿得的。你穿这样的衣裳，叫那读书的人穿甚么？"（第二十四回）向鼎要他们父子巡查考试，倪延玺抓住到一个正在传送夹带的考生，要送给向鼎发落，他赶忙拦住，对这个考生说："你一个正经读书人，快归号里去做文章，倘若太爷看见了，就不便了。"（第二十六回）小说中的鲍文卿对读书人的崇敬有些过分，表现出一类被礼教愚弄的下层被剥削者的特点。

《儒林外史》里描写的这些伶人的形象，一方面反应了吴敬梓对梨园的喜欢和关注，说明吴敬梓对下层民众的关心，另一方面也可以通过这些伶人，反应吴敬梓的道德观念。他认为能够自己养活自己，有高尚的品质，即使是生活在下层的民众，也是值得赞扬的。

除了伶人，《儒林外史》中还塑造了一些商人的形象。如扬州的盐商万雪斋，贩丝商人陈正公和毛二胡子，在芜湖开杂货店的牛老爹，在五河县开典当铺的方三老爷、方六老爷等，除此之外还涉及了很的书店、茶馆、饭店、戏行、妓院中的人物等，这些人物是夹杂在儒林中的非重要人物，但在从这些人身上可以看出明清时期的商品经济的发达。这些商人良莠不齐，吴敬梓在小说中大部分的时候用这些商人的形象来突出官商勾结对底层老百姓的残害，也通过一些商人的形象来揭示商品经济下的一些商人的丑陋行径。例如小说第四十回中，沈大年本要把自己的女儿沈琼枝嫁给盐商宋为富作妻子，可宋为富却送给宋大成五百两银子，想让其儿女做妾。沈大成气愤之极，到江都县高了一状，那知县

刚开始看见呈子也非常气愤，说："沈大成既是常州贡生，也是衣冠中人物，怎么肯把女儿与人做妾？盐商豪横一至于此！"后宋家得知了此事，打通了关节，知县就转变态度，说沈大年是一个"刁健讼棍"，命令两个差人押解他回乡。

四十七回中，盐商方六老爷在尊经阁上竟然"笑容可掬"地和姓权的卖花婆调笑，"权卖婆一手扶着栏杆，一手拉开裤腰捉虱子，捉着，一个一个往嘴里送"，吴敬梓通过余大的口说："我们县里，礼义廉耻一总都灭绝了！也因学宫里没有个好官。"

在小说的第四十五回，描写五河县糟坊老板凌风家的两个女人争风吃醋大打出手之后，吴敬梓加了一句话"五河的风俗是个个人都要同雇的大脚婆娘睡觉的。不怕正经敞厅里摆着酒，大家说起这件事，都要笑的眼睛没缝，欣欣得意，不以为羞耻的"。小说对明清时期的商人进行了描写，通过这些商人形象反映当时社会礼仪的缺失，道德的沦丧，也间接地对封建礼教进行了控诉。

伶人和商人在小说中占有一席之地，除了这些人，小说中还描写了一个很特别的人就是沈琼枝。沈琼枝原本要嫁给盐商宋为富，后来得知自己要作妾的时候，她就想办法逃了出去，决定去南京："南京是个好地方，有多少名人在那里，我又会做两句诗，何不到南京去卖诗过日子？"沈琼枝到了南京之后，挂了招牌，也有来求诗的，也有来买斗方的，也有来托刺绣的。她凭借自己的本事来养活自己，当然封建社会的女子出头露面，也必然引来一些不好的人，"那些好事的恶少，都一传两，两传三来物色，非止一日"。对于这些恶少的骚扰，沈琼枝也会怒骂起来。小说中通过武书的口，对沈琼枝进行了评价："我看这个女人实有些奇，若说他是邪货，他却不带淫气；若说他是人家遣出来的婢妾，他

却又不带贱气。看他虽是个女流，倒有许多豪侠的光景。"（第四十一回）像这种有自己的主张，能够在封建社会立足的女性，也得到了类似于杜少卿这样有先进思想的人的理解和接受。

（二）《儒林外史》的讽刺艺术

《儒林外史》主要揭示的是士子的思想以及生活，可以说是一部现实主义的作品，人们关注这部书的内容，也关注这部书的讽刺艺术。《儒林外史》的讽刺艺术已经得到了世人的认可，它的讽刺艺术和莫里哀、果戈理的作品相比也毫不逊色。当然吴敬梓的讽刺也不是一蹴而就的，是在中国漫长讽刺文学传统的影响下形成的。

从《诗经》开始，文学上就已经有了"美刺"之说，即所谓的"劝百讽一"（《文心雕龙·杂文》），六朝时期的志人志怪小说和唐代的传奇，也在鬼道神的描写中寄予了一些对风俗、社会、人事的讥讽、针砭，也是讽刺艺术的一种，鲁迅在《中国小说史略》中说："寓讥弹于稗史者，晋唐已有。"到明清小说繁盛的时代，具有讽刺意味的小说也颇多，诸如《西游记》《聊斋志异》《金瓶梅》"三言""二拍"等。在诸多具有讽刺意味的小说中，讽刺艺术上取得最大成就的当属《儒林外史》。

关于《儒林外史》的讽刺艺术，鲁迅先生给予了高度的评价，"迨吴敬梓《儒林外史》出，乃秉持公心，指摘时弊，机锋所向，尤在士林；其文又戚而能谐，婉而多讽：于是说部中始有足称讽刺之书。"（《中国小说史略》）吴敬梓在对现实社会和士林描写的基础上，把讽刺艺术寓以其中，通过讽刺的手法来加强批判揭露的效果，这样做的主要目的就是让人们看清科举制度的真实性，

被讽刺的这一类人，即是吴敬梓想警醒、挽救的一类人。金和在《儒林外史跋》中也说作者的"苦心"在于"警世"。无论是小说中肯定的人物还是小说中否定的人物，只要本身有缺陷，就是吴敬梓要讽刺的。虽然从作品里感觉吴敬梓对这些被嘲讽的对象的讽刺是无情和辛辣的，但其实吴敬梓更希望他们能够在讽刺之中幡然醒悟。鲁迅在《什么是'讽刺'》一文中这样说："讽刺作者虽然大抵为被讽刺者所憎恨，但他却常常是善意的，他的讽刺，在希望他们改善，并非要捺这一群到水底。"

1. 戚而能谐

这部警世的小说所用的讽刺的手法，被鲁迅先生概括为"戚而能谐"，这点是《儒林外史》讽刺艺术最为突出的一点。就是能够在笑声中展示人物的悲哀和丑态，把喜剧和悲剧融合在一起。普希金曾说："我没看出，崇高的喜剧不是之依靠嘲笑，而是依靠性格的发展，并且这种戏剧往往接近于悲剧。"（《普希金全集》第七卷）《儒林外史》就是这样一部能让人笑出来，笑出来之后内心又十分痛苦的小说，在"谐"中足见其"戚"。

周进考了几十年的科举，别说是举人，连考试的贡院都没有资格进。朋友出钱让他能够有机会进贡院，不想才到天字号，就一头撞死在地上。几经折腾，终于救过来了，却再一次撞在号板上，也不听别人的劝告，"只管伏着号板哭个不住。一号哭过，又哭二号、三号，满地打滚"（第三回），周进在贡院寻死觅活，又哭又滚，虽然可笑，但是仔细想一想，读了一辈子的书，连一个秀才也不曾得，生活困顿不堪不说，还得遭受梅玖、王惠等秀才、举人的嘲讽。笑中也掺杂了一些凄惨、可怜的滋味。

第三回范进中举人更是经典,"范进不看便罢,看了一遍,又念一遍,自己把两手拍了一下,笑了一声道:'噫!好了!我中了!'说着,往后一交跌倒,牙关咬紧,不醒人事。""他爬将起来,又拍着手大笑道:'噫!好!我中了!'笑着,不由分说就往门外飞跑,把报录人和邻居都唬了一跳。走出大门不多路,一脚踹在池塘里,挣起来,头发都跌散了,两手黄泥,淋淋漓漓一身的水,众人拉他不住,拍着,笑着,一直走到集上去了。""来到集上,见范进正在一个庙门口站着,散着头发,满脸污泥,鞋都跑掉了一只,兀自拍著掌,口里叫道:'中了!中了!'"五十多岁的人,在得知自己高中之后痰迷心窍,读者或许感觉范进疯癫有些可笑,但是想着这样一个老实、本分的老儒生对科举的执着,笑中又夹杂着浓浓的悲哀。

吴敬梓在这些赋予喜剧色彩的人物和情节当中,自然而然地渗透了一些发人深省、让人心痛的思考。小说中可笑的情节还有许多,例如第十三回中,所谓的侠客张铁臂骗了娄三、娄四公子五百两银子,两位公子却还说:"张铁臂,他做侠客的人,断不肯失信于我,我们却不可做俗人。"结果两个人把很多朋友约到自己家中,要开"人头会",弄到最后才发现根本不是什么人头,只是一个猪头而已。事情的结果出人意料,娄三、娄四公子本自诩好客、侠义,但结交这样的匪人,如此愚昧也着实让人发笑。有"管、乐的经纶,程、朱的学问"的权勿用,因为守孝,一直延误娄三、娄四公子的邀请,及至他应邀来到湖州,刚进城门,那顶表示他"热孝在身"的帽子却被卖柴的尖扁担挑走了。用这样的可笑镜头来揭露权勿用守孝的假象。小说中时不时地就会出现这样让人发笑的人物或情节,这些都只是表象而已。如果读者对小

说中这些让人发笑的人物或情节仔细一思考的话，就会从这些人或事上发掘出令人可怜甚至悲伤的东西。小说第四十七回卧闲草堂指出："作者虽以谑语出之，其实处处皆泪痕也。"这些人要么是一些心中只有科举、功名富贵而无其他追求的可怜之人，要么就是一些盯着各种头衔而实际上行为卑劣的人。总之，在笑的背后多多少少总有哀伤。

2. 用现实来讽刺

《儒林外史》中的人物没有什么神仙方士，也没有什么妖魔鬼怪，有的都是生活中存在的人物，大部分是与吴敬梓一样的读书人。吴敬梓把当时的整个社会全部纳入自己的视野之中，对整个社会的问题和存在的弊端进行了揭露和分析。在小说里，吴敬梓把矛头指向了自己最为关注的士林，讽刺的对象也主要集中在了读书人身上。但是即使这样，吴敬梓也让讽刺服从于客观的、真实的生活。在《论讽刺》一文中，鲁迅说："非写实决不能成为所谓'讽刺'。"在《儒林外史》这部小说中，我们很少能够看到吴敬梓在叙述的时候夹杂议论，更多的是通过白描的手法不加任何修饰地把被讽刺的对象展现在读者面前，只用客观现实的描写来达到自己讽刺的目的，没有任何褒贬之词，人物的真伪毕现。卧闲草堂评语中第三回中说《儒林外史》写的是"日用酬酢之间"的世间真事，"如铸鼎象物，魑魅魍魉，毛发毕现"，与非写实性的作品不同，说："古人云：'画鬼易，画人物难'，盖人物乃人所共见，不容丝毫假借于其间，非如鬼怪，可以任意增减也。"（第三十六回）吴敬梓就是用这样现实的形式，"秉持公心"来揭露社会的弊端，警醒世人。小说于现实之中饱含讽刺的力量。

第十八回中，匡超人混迹于西湖的诗人圈子中，想起几天后在西湖诗会上要作诗，怕自己不会做诗不好看，于是头两天晚上在书店里拿了一本《诗法入门》来看，"他是绝顶的聪明，看了一夜，早已会了。次日又看了一日一夜，拿起笔来就做，做了出来，觉得比壁上贴的还好些。当日又看，要已精而益求其精。"在西湖名人集会上，像卫体善、随岑庵这样"二十年的老选家"，自视很高、目空一切，这样的人作的诗歌中居然也会出现"且夫""尝谓"的字样，连此时刚刚学诗的匡超人也感觉并不甚佳。作者并没有指出西湖诗会这些诗人作诗的水平，却通过匡超人这一形象来隐含地讽刺他们创作诗歌的水准，用写实的手法自然而然地表现出来。

第十回中，蘧公孙与鲁小姐的婚宴上，一连串发生了几件事情。从房梁上掉下来一直老鼠，正好掉在了宴席上装燕窝的碗里，老鼠从新郎的身上爬过，弄油了新郎的衣服。厨役打翻了粉汤，在他踢抢粉汤吃的狗的时候，又把穿着的钉鞋甩了出去，钉鞋落在了桌子上，陈和甫被吓，他的衣袖又把粉汤碗给打碎了。通过这一系列巧合，造成了婚礼上混乱的场景，似乎这样的意外在现实生活中也可能发生，鲁编修觉得不吉利，也在这样看似合理的情节描写中暗含志趣不同的蘧公孙与鲁小姐原不十分相配。

第五回写严监生的妻子王氏病重，监生想把自己的偏房赵氏扶正。自己的妻子还没有过世，就惦记着让自己的小妾成为正室，表现了严监生的薄情寡义，有悖情理。王德、王仁两位舅爷本来不同意，严监生给两个人每人一百两银子，他们二人的态度就发生了改变。严监生再看见他们的时候，两位舅爷就哭得眼红红的。王仁道："方才同家兄在这里说，舍妹真是女中丈夫，可谓王门

有幸。方才这一番话，恐怕老妹丈胸中也没有这样道理，还要恍恍惚惚疑惑不清，枉为男子！"王德说："你不知道，你这一位如夫人关系你家三代。舍妹殁了，你若另娶一人，磨害死了我的外甥，老伯老伯母在天不安，就是先父母也不安了。"王仁拍着桌子道："我们念书的人，全在纲常上做功夫，就是做文章，代孔子说话，也不过是这个理。你若不依，我们就不上门了。"得到银子之后就把兄妹之情跑到九霄云外去了，还标榜自己是读书人，全在纲常上做功夫。结果就在王德、王仁亲自主持隆重典礼的过程中，他们的妹妹王氏一命呜呼。满嘴的仁义道德，满嘴的纲常，怎么也抵不过银子。作者把类似与王德王仁这样心嘴不一人，放在具体的事件中，来突出他们的卑劣和可耻。法国讽刺大师莫里哀曾经说过："一本正经的教训，即使再尖锐，往往不及讽刺有力量；规劝大多数人，没有比描画他们的过失更见效了。"（《达尔杜弗》序言）

吴敬梓在小说中用并不奇怪、并不突出的人物和情节来进行讽刺。鲁迅在《什么是"讽刺"》一文中指出："它（讽刺）不是'捏造'，也不是'污蔑'；既不是'揭发阴司'，又不是专记骇人听闻的所谓的'奇闻'或'怪现状'。"对客观的社会现实做真实地反应，在描写被讽刺对象的同时，揭露其背后的深层原因，写出了被功名利禄和社会扭曲了的一代文人的悲剧。

（三）《儒林外史》的结构

《儒林外史》在中国小说史上，单从结构而言是别具一格的。《儒林外史》的结构不同于《三国演义》一类的编年体，也不同于《水浒传》一类的百川纳海，与《红楼梦》这样的网状结构的小说

也不同。在《儒林外史》中没有一个贯穿始终的人物，也没有一个或几个贯穿始终的情节。鲁迅在《中国小说史略》中这样说："惟全书无主干，仅驱使各种人物，行列而来，事与其来俱来，亦与其去俱迄，虽云长篇，颇同短制；但如集诸碎锦，合为贴子。"《儒林外史》中的人物每个人都在走过场，似乎彼此之间的联系不大，但是仔细思考会发现，这些人物、这些情节都围绕着共同的主题展开，这个共同的主题就是吴敬梓写作小说的主要目的——展现当时社会的儒林，揭露科举制度的真实面目，让当时的读书人全面地认识自己的阶层，认知自己的生活。吴敬梓也希望通过自己的作品，来揭示封建社会末期社会的黑暗和弊端，在矛盾与纠结中提出自己改革的理想，那么《儒林外史》的结构就围绕着这一思想展开。小说的结构从表面上看是比较零散的，但通观全书会发现贯穿始终的几个主要线索。一个重要线索是当时社会知识分子的生活，这部分知识分子划分成两部分，一部分是为追求科举、功名富贵的一类人，这一类人大部分拘泥于自己追求的东西不得觉醒，这部分中有一些读书人成功入仕，成为官僚，逐渐在功名富贵中迷失、扭曲，成为被迫害，被牢笼又反过来迫害别人的人，这类人让社会风气更加败坏，道德观念日趋薄弱，吴敬梓在自己的作品中对这部分人给予嘲讽，是吴敬梓最担心，最希望警醒的一类人。另一部分是吴敬梓主要正面描写的一类读书人。这一类读书人能够看清功名富贵，不被其累。能够为自己的理想不断努力，但是这一部分人的理想慢慢在现实生活中幻灭，也是吴敬梓自己理想幻灭的过程。这一类人作者大加表彰，把拯救时风的希望寄托在他们身上。另一线索就展现儒林周围的其他人。在展现士子生活面貌的同时，描写了整个社会，力图展示生

活的全貌，寻找能够实现自己理想的人。

《儒林外史》这两条重要的线索交织在一起，时隐时现地贯穿小说的始终，在这两条线索下，各类人物依次登场，他们的言行也就在这样线索的指导下展开。

从横向来看，《儒林外史》一共五十六回，开篇第一回的楔子和最后一回另当别论。第一回的楔子题目为"说楔子敷陈大义借名流隐括全文"，在这一回中，作者已经隐括了全书的主要内容，这个时代知分子无非两种结局，要么像楔子中的危素、时知县那样朝科举这一条线往上爬，入仕之后成为朝廷命官。要么成为王冕那样讲究文行出处，提倡礼仪的隐士。王冕作为吴敬梓塑造的一个典范，通过他的眼睛来看待当时社会的情况，也预示读书人的未来。对全书起到了隐括的作用。而最后一回借"幽榜"来回应楔子。这两回成为了小说的缩影。

除了这两回之外，小说的其他五十四回大概分为三个部分。

第一部分是第二回至第三十回，这一部分主要描写的是那些被功名富贵扭曲的一类读书人。这部分主要的士子有周进、范进、梅玖、张静斋、鲁编修、匡超人等，还有一些"名士"，诸如娄三、娄四公子、杨执中、权勿用、张铁臂、蘧公孙、赵雪斋、牛玉圃、牛布衣、季苇萧、杜慎卿等。这些人都是围绕功名富贵而活着的人，这部分士子或者是愚昧无知，或者是口是心非，为谋取功名不折手段，一部分求得功名之后，变成贪官，劣绅，变本加厉地欺压百姓。小说中这些名士，大部分是顶着名士的头衔，假托无意于功名富贵，但最终为人耻笑的下场。这些人读书人共同的特点都是为了追求功名富贵，只是每个人选择的手段不同而已。

第二部分，从三十一回到四十六回。这部分吴敬梓主要描写了一些摆脱功名富贵的束缚，堪称"中流砥柱"的真儒们，作者希望这些真儒们能拯救士子，但是最终这一理想也慢慢幻灭。这一部分与前一部分形成了鲜明的对比，前一部分描写的都是作者笔下的反面人物，有待于被警醒的一些士子。在这一部分吴敬梓主要塑造了一些正面人物，应该说在作者的心目中，这些人应该是理想中的士子典范。主要的人物有虞育德、迟衡山、庄绍光和杜少卿。在这部分中最主要的事情就是祭泰伯祠。祭泰伯祠的主要目的是为了提倡礼乐，提倡德行，有助于社会风气的转化。在这部分，吴敬梓用很长的篇幅来写此事，可见这件事在全书中的重要性。卧闲草堂批语说："祭泰伯祠，是书中第一个大结束。凡作一部大书，如匠石之营宫室，必先具结构于胸中，孰为厅堂，孰为卧室，孰为书斋、灶厨，一一布置停当，然后可以兴工。此书之祭泰伯祠，是宫室中之厅堂也。从开卷历历落落写诸名士，写到虞博士，是其结穴处。故祭泰伯祠，亦是其结穴处。譬如岷山导江，至敷浅原，是大总汇处，以下又迤逦而入于海。书中之有泰伯祠，犹之乎江汉之有敷浅原也。"（第三十三回回末）除了这件大事之外，吴敬梓还在这部分描写了郭孝子千里寻亲，萧云山青枫城大捷，随后写萧云山在青枫城修筑城池、垦荒地、修水利、办学堂、教子弟，这些应该都是吴敬梓倡导礼乐、德行的实践，也是其理想实现的过程。但最后萧云山的因公获罪，革职追赔，真儒们也风流云散，士林更加堕落，作者的理想也随之幻灭。

第三部分从第四十七回到五十五回。这部分主要写的是第二部分的真儒已经慢慢散去，吴敬梓以真儒救世的理想幻灭之后，士风日益堕落，作者开始在其他方面寻找自己理想的实践者。在

这一时期社会风气越来越不好，作者把五河县作为整个社会的缩影来写："五河的风俗，说起那人有品行，他就歪着嘴笑；说起前几十年的世家大族，他就鼻子里笑；说那个人会做诗赋古文，他就眉毛都会笑。问五河县有甚么山川风景，是有个彭乡绅；问五河县有什么出产稀奇之物，是有个彭乡绅；问五河县那个有品望，是奉承彭乡绅；问那个有德行，是奉承彭乡绅；问那个有才情，是专会奉承彭乡绅。"（第四十七回）除了有功名的彭家之外，五河县还有一个有钱的方家，方家和余、虞家同时举行节孝入祠，方家的队伍浩大，余、虞家的举人、进士、贡生、监生、秀才等也位列其中，比较之下，余、虞两家则凄惨冷落。正如余大先生说："我们县里，礼义廉耻一总灭绝了。"（第四十七回）世风日下的时候，没有真儒，但作者还是塑造了一个虞华轩。虞华轩不像真儒那样想用礼仪德行来教化民众，而是"激而为怒"。当然了真儒的教化没有成功，虞华轩的愤怒也同样于事无补。作者的理想再一次幻灭。不止五河县，南京城也是如此，高翰林、施御史、秦中书、万青云、陈木南、陈和尚等等更加不堪，官场腐败，卖官鬻爵，文人势力等等，甚至标志吴敬梓理想的泰伯祠也颓败，无人问津。

"失礼而求诸野"，作者对士林绝望，但拯救士林的心还是没有改变的，所以把自己的目光转移到了市井之中，在市井之中发现了四个自己理想的承载者，这四个市井之人有着真儒的精神，也有士子身上所缺失的独立人格。这样的人让吴敬梓看到了希望，也希望给社会上的读书人指出一条出路。

最后一回，举人、荫生、贡生、监生、生员、布衣、释子、道士、女子同在一幽榜中，"其人虽庞杂不伦，其品亦瑕瑜不掩，

然皆卓然有以自立"（第五十六回），吴敬梓最后用这样的一种形式来结束全文，亦表现出自己的理想。社会中的士子之所以被功名富贵扭曲了灵魂，丧失自我，其主要原因就是科举是士子唯一的出路。如果能够广开取士的途径，或者可以以品行择用，亦或是以一技之长而取，这样大概就可以不让贤良有德行的人在野，一代文人的悲剧，大概也可以免除了，作者的创作目的即在于此。

　　这就是小说的结构，以主要的线索贯穿全文，为了符合主题表达的需要来安排小说中的人物和情节。从表层的结构来看，楔子隐括全文，正文分为三大部分，最后用幽榜来结束全文，整个文章结构合理，全面。从内部的结构来看，每个人物的出现和离开，每个情节的安排，吴敬梓也是匠心独运的。楔子之后小说主要描写的就是周进，他的事情叙述完之后，让他成为学道主试广东，由此引出了范进。范进中举，之后又引出了张静斋。张静斋和范进去高要县打秋风之时，又引出了严贡生，严贡生因为惹了官司，又引出他的弟弟严监生，之后又有荀玫、王惠、蘧公孙等等。每个人物的出场都不是突兀的。小说中的人物如同一个一个拉着手走出，人物之间的关系盘根错节，缺了谁都不行。

　　小说中除了每个人物密切相联之外，吴敬梓还在小说中描写了几次大的集会。这几次集会把小说中零散的人物汇聚起来，导致情节集中，也把情节推向了高潮，这是吴敬梓在结构方面的又一用心之处。《儒林外史》一共描写了五次集会。这五次集会分别是第十二回的"大宴莺脰湖"，汇聚文人或名士有娄三公子、娄四公子、杨执中、权勿用、张铁臂、牛布衣、陈和甫、蘧公孙等。第二十八回的"西湖宴集"，汇集了赵雪斋、景兰江、支剑锋、浦墨卿、卫体善、随岑庵、严贡生、匡超人、胡缜等。第三十回的

"高会莫愁湖",聚集了杜慎卿、季苇萧、辛东之、萧金铉、金东崖、郭铁笔、来霞士等。第三十七回"泰伯祠大祭",汇集了虞育德、庄绍光、迟衡山、杜少卿、马纯上等,这次集会应该是五次集会中最为重要的一次,也是全书的高潮。卧闲草堂评语中说:"本书至此卷,是一大结束。名之曰儒林,盖为文人学士而言。篇中之文人学士,不为少矣。前乎此,如莺脰湖一会,是一小结束。西湖上诗会,是又一小结束。至此如云亭、梁甫,而后臻于泰山。譬之作乐,盖八音繁会之时,以后则慢声变调而已。"最后一次集会是四十六回的"登高会",三山门饯别虞育德,有庄濯江、庄绍光、杜少卿、迟衡山、武书、汤奉、萧云仙等。这五次集会,把小说中的人物进行了一次大汇集,也让小说在节奏上产生了不同的变化,有一种节奏感。

《儒林外史》的结构应该说能够体现吴敬梓小说创作的独创性,这样的结构对完成作者的主题是很有帮助的,故可以说这样的结构是成功的。

(四)《儒林外史》的研究和影响

《儒林外史》的研究在吴敬梓还在世的时候就已经开始,一直到现在,每年研究吴敬梓及其小说的大有人在,这也是《儒林外史》本身的魅力导致的。关于其研究主要分为三个时期,分别是清代《儒林外史》研究、近代《儒林外史》研究和现代《儒林外史》研究。

1. 清代《儒林外史》研究

这一时期《儒林外史》诞生不久,对其评价的人很多,主要

集中在对吴敬梓的人生经历、思想认识、诗文创作等研究和评价上，对《儒林外史》的评价大部分夹杂其中，主要出现的方式是序跋和点评，比较零散。但这时期的评价大部分出自吴敬梓的亲朋，比较真实可信，也能代表那个时期对吴敬梓及其《儒林外史》的认知。

这一时期《儒林外史》研究比较有代表性的是吴檠、金榘、金两铭、程晋芳、王又曾、金兆燕等。大约在乾隆十四年（1749年）秋，吴敬梓还在世的时候，其朋友程金芳就写下了一组十八首的《怀人诗》，其中第十六首是写给吴敬梓的，诗中有这样的四句："《外史》纪儒林，刻画何工妍！吾为斯人悲，竟以稗说传。"由于时代的影响，程金芳对小说仍有歧视，为《儒林外史》的体裁而惋惜，但是他也对《儒林外史》取得的成绩表示肯定，也独具慧眼地肯定了《儒林外史》的价值。

乾隆三十五年（1770年），在吴敬梓去世十余年的时候，程金芳在其《文木先生传》中说："又仿唐人小说为《儒林外史》五十卷，穷极文士情态，人争传写之。"这个评价可以看出当时《儒林外史》还是以手抄本的形式流行。同治八年（1869年），金和撰写的《儒林外史跋》中说："惟是书为全椒金棕亭先生官扬州府教授时梓以行世，自后扬州书肆，刻本非一。"金棕亭，即金兆燕，吴敬梓连襟金榘的儿子，与吴烺又是儿女亲家。根据金和的说法，金兆燕曾经出资刊刻了《儒林外史》，但是可惜这一版本至今未见。

以上这些对《儒林外史》的评价都是零星出现的，不够系统。目前我们能够看到的最早的《儒林外史》刻本，是刻印于嘉庆八年（1803年）的卧闲草堂本，这一版本有回末总评，是目前最早

的影响最大的系统点评《儒林外史》的版本。

卧闲草堂本的评文是以回末总评的方式出现的，除了有六回缺少评语外，其他每回都有若干条评语，共计一万六千余字。该版本在第三十回回评中有这样的话："湖亭大会，又是一部《燕兰小谱》。"根据李汉秋先生在《〈儒林外史〉研究》中所说："《燕兰小谱》刊于乾隆五十年（1785年），书中有乾隆四十七年（1782年）事，因此评语完成时间当在1785年以后。从内容看，评者颇谙吴敬梓的创作意图和扬州的习俗，可能是吴敬梓的亲朋。"

这一版本的回评主要评价了《儒林外史》的主题，即功名富贵。还对《儒林外史》的现实主义和讽刺等艺术特征进行了精辟地评价，影响深远。

关于《儒林外史》的评点，除了卧闲草堂评本外，还有黄小田评本。黄小田（1795—1867），名富民、字小田，号萍叟，官礼部侍郎。他于咸丰三年（1853年）至同治元年（1862年）之间评点过《儒林外史》。包括卷首闲序后和总回目后的两则题识，部分回末的总评，共两千多条。黄小田的点评肯定了卧闲草堂关于《儒林外史》主旨的评价，并且加以发挥。另外认为吴敬梓因为"嫉世"太深，而变为"骂世""玩世"，实则是"醒世""救世"。

除了卧闲草堂评本和黄小田平本之外，这一时期评点《儒林外史》主要还有同治三年（1874年）齐省堂增订本，卷首有署名"惺园退士"手书的序言。这一版本的评点也肯定功名富贵为全书的主脑，赞扬吴敬梓的实现主义的手法。评点《儒林外史》的还有以天目山樵为笔名的张文虎等。

清代对《儒林外史》的研究除了上面提到的序跋和点评之外，还有一部分研究集中在考据上。这种研究的兴盛也与清代乾隆嘉庆时期考据学大兴有关。考据主要集中在人物原型和情节来源两大方面。代表人物有金和、黄小田、天目山樵、平步青等。

最早探究《儒林外史》人物原型和情节本事的是金和。他在苏州群玉斋本的《儒林外史跋》中说："全书载笔，言皆有物，绝无凿空而谈者。"并指出小说中很多的人物原型，"书中杜少卿乃先生自况，杜慎卿为青然先生。其生平所至敬服者，惟江宁府学教授吴蒙泉先生一人，故书中表为上上人物。其次则上元程棉庄、全椒冯萃中，句容樊南仲，上元程文：皆先生至交。书中之庄征君者程棉庄，马纯上者冯萃中，迟衡山者樊南仲，武正字者程文也。"在跋文中指出一个个人物的原型，最后金和还说这些原型的来源出自自己的母亲，应该说是有一定的可信度的。天目山樵在金和考证的基础上继续指出汤奏的原型是杨凯，荀玫的原型疑似姓卢，娄三、娄四或是溧阳史等等，也对金和的考证提出了一些佐证材料。在前二人的基础上，平步青继续考证：荀玫为卢见曾、向鼎为商盘，沈琼枝为松江张宛玉，匡超人为汪中等。

对小说人物原型的考据是一方面，另一方面集中在了《儒林外史》的情节的考证。黄小田指出第十回中娄三、娄四公子书房从两边的墙上、板缝里喷出香来，用的就是贾似道的事。第二十九回杜慎卿四雨花台方孝孺"夷十族"碑前，议论"夷十族"的事情，出自朱彝尊的"竹垞翁之论"。天目山樵对情节的考证更多，例如第十回蘧公孙与鲁小姐的婚宴上厨役钉子鞋掉在桌子上出自《宋书·刘敬轩传》；第三十回杜慎卿说隔着三间屋子就能闻到女人的臭气，出自于《南史》萧誉的事迹等。平步青指出第七

回范进不知道苏轼是何人，说的是汪道昆的事。后来也有一些考据的研究者，这些研究者对《儒林外史》进行了深入地挖掘，尽管有一些考据的意义并不大，但最起码说明了吴敬梓博览群书，喜欢把一些笔记或传闻里的事情化用在自己的小说中。

2. 近现代《儒林外史》研究

从五四运动之后一直到建国，是《儒林外史》研究的第二个阶段。随着资本主义的侵入，国门的打开，一些知识分子受到外来思想的影响，开始慢慢摒弃掉对小说这一体裁的歧视，甚至开始用小说这一形式来宣传资产阶级的思想和道德观念。随着小说地位的提高，《儒林外史》的研究也进入到了一个崭新的阶段。这一时期涌现出鲁迅、胡适等大家，结合传统的考据方法，并融合了西方文学理来研究《儒林外史》，使《儒林外史》研究取得了全新的成就。这一研究方法也对当代《儒林外史》的研究产生了巨大的影响。

1920年的时候，几位五四新文化运动的主要参与者陈独秀、钱玄同、胡适等共同参与到《儒林外史》的研究中，这是《儒林外史》研究史上的一件大事。这一时期《儒林外史》被看作是白话文的典范，成为人们关注的小说。陈独秀在他的文章《儒林外史新叙》中说："《儒林外史》之所以难能可贵，就在他不是主观的，理想的，——是客观的，写实的。这是中国文学书里很难得的一部章回小说。"钱玄同在1917年写的《寄陈独秀》中说："弟以为旧小说之有价值者，不过施耐庵之《水浒》、曹雪芹之《红楼梦》、吴敬梓之《儒林外史》、李伯元之《官场现形记》、吴趼人之《二十年目睹之怪现状》、曾孟朴之《孽海花》六书耳。"

这一阶段，研究《儒林外史》最下功夫的是胡适。胡适在他的很多论文中涉及《儒林外史》的评价，并对这部书给予了肯定。1920年亚东本的《儒林外史》前有胡适作的《吴敬梓传》，这是近代文人第一次给吴敬梓作传。在这篇传中肯定了吴敬梓"见识高超，技术高明"，说这部小说可以不朽，也肯定了吴敬梓是"安徽的第一大文豪"。胡适对吴敬梓的研究主要集中在材料的收集上，根据吴敬梓的《文木山房集》及其朋友的相关资料，于1922年撰写了一篇《吴敬梓年谱》，一共一万七千余字。胡适的《吴敬梓年谱》分为家世、年谱和后记三个部分，对吴敬梓的一生进行了梳理。虽然限于材料的问题，年谱中不免有疏漏的地方，但却把全椒吴氏进行了清理，并且理清了吴敬梓一生中的几件大事。

在胡适研究《儒林外史》的同时，鲁迅在北京大学讲授中国小说史。1924年根据自己讲稿，整理出版了《中国小说史大略》，1925年又对前一书进行了整理、增补，改为《中国小说史略》，同一年又发表了自己的一篇讲稿《中国小说的历史的变迁》。鲁迅在这两部关于小说的著作中，对《儒林外史》进行了系统的、高度的评价，奠定了中国现代研究《儒林外史》的基础。

关于《儒林外史》的思想内容，鲁迅先生指出"机锋所向，尤在士林"，小说是以士林作为"指摘时弊"的主要对象。在描写士林中"攻难制艺及以制艺出身者亦甚烈"，小说主要就是对八股制艺进行猛烈的批判。除此之外还说吴敬梓"描写良心与礼教之冲突，殊极刻深"，说明吴敬梓对封建礼教的反对。应该说鲁迅对《儒林外史》内容的评价是有层次，有中心的，非常全面。

鲁迅对《儒林外史》理解深刻，其评价主要集中在其讽刺艺术上。鲁迅认为吴敬梓能够创作出这部"机锋所向，尤在士林"，

吴敬梓

揭露那些"制艺而外，百不经意，云稀圣贤"的士子丑态的小说，是由于他自己就处在这样的环境里。鲁迅认为《儒林外史》是我国古代第一部空前绝后的"讽刺小说"。他在《中国小说史略》中说："迨至吴敬梓《儒林外史》出"，"于是说部乃始有足称讽刺之书"。在《中国小说的历史的变迁》中他也说"讽刺小说从《儒林外史》而后，就可以谓之绝响"。这些论说不仅对《儒林外史》的性质进行了确定，也肯定了这部小说在中国小说史上的地位。

鲁迅先生认为《儒林外史》讽刺艺术成功在于能够秉持公心，去客观地观察描摹现实社会，根据主题，自己进行剪裁，既不修饰，也不扩张，严肃地对待描写对象。他还认为与同时期的其他小说比较，吴敬梓这一种公心是非常难得的。鲁迅在他的文章《什么是"讽刺"》中说："'讽刺'的生命是真实；不必是曾有的事实，但必须是会有的事实。"吴敬梓根据自己的经历和见闻，创造出的人物和情节都是明清社会的典型，不失真。小说中出现的士子、官员、名士甚至于市井小民，都能够声态并茂地翩然纸上。

鲁迅先生肯定《儒林外史》能够"戚而能谐，婉而多讽"，能够把喜剧和悲剧结合起来，含蓄委婉。这就是《儒林外史》讽刺来力量的由来。他称赞第四回范进吃大虾元子"无一贬词而情伪毕露"（《中国小说史略》）。与《儒林外史》之前的《钟馗捉鬼记》和之后的《官场现形记》、《二十年目睹之怪现象》比较之后，提出："《儒林外史》是讽刺，而那两种都近于谩骂。"（《中国小说的历史的变迁》）欣赏《儒林外史》"婉而多讽"的艺术特点。

1935 年，鲁迅先生在他的文章《叶紫作〈丰收〉序言》中写到："《儒林外史》作者的手段何尝是在罗贯中下，然而留学生漫

天塞地以来，这部书就好像不永久，也不伟大了。伟大也要有人懂。"鲁迅先生对《儒林外史》的评价可以看出，他是懂得这部书的伟大的。

胡适和鲁迅是这一时期研究《儒林外史》中重要的人物，除了他们之外，茅盾也很重视《儒林外史》，三十年代，在他的《谈我的研究》里有这样一段话：

> 本国的旧小说中，我喜欢《水浒》和《儒林外史》。……至于《红楼梦》，在我们过去的小说发展史上自然地位颇高，然而对于现在我们的用处会比《儒林外史》小得多了。如果有什么准备写小说的年青人要从我们旧小说堆里找点可以帮助他"艺术修养"的资料，那我就推荐《儒林外史》。

这一时期《儒林外史》的研究与当时的政治运动有一定的联系，但以上的几位研究者都能够肯定《儒林外史》的价值，对小说的主题和艺术特点等方面都有自己的认识，对读者认识和欣赏《儒林外史》还是有很大帮助的。当然这一时期的研究对后来研究《儒林外史》也起到了很大的帮助，一直影响到当代。

3. 当代《儒林外史》研究

随着新中国的成立，《儒林外史》的研究掀开了新的一页。这一时期出现了几次大规模的吴敬梓与《儒林外史》的学术研究会，许多的研究者开始运用马克思主义的基本原理来研究《儒林外史》，取得了很多成就。

吴敬梓

　　1954年，吴敬梓逝世二百周年的时候，中国作家协会于12月11日在北京举办了"吴敬梓逝世二百周年纪念大会"，这也是一次研究吴敬梓的学术会议，参加会议的有许多著名的作家、学者、文艺理论家等，包括茅盾、翦伯赞、冯雪峰、何其芳、吴祖缃、沙汀、曹禺、游国恩、艾青等八百余人。

　　这次会议掀起了吴敬梓及其《儒林外史》研究的高潮。这种高潮一直持续到1956年底。这一时期各类研究者发表很多相关论文，重要的文章有茅盾的《吴敬梓先生逝世二百周年纪念会开幕词》、吴组缃的《〈儒林外史〉的思想和艺术》、何其芳的《吴敬梓的小说〈儒林外史〉》、冯至的《论〈儒林外史〉》等，这些文章大部分从宏观的角度对吴敬梓及其《儒林外史》进行综合的论述。在马克思主义思想的指导下，主要研究吴敬梓的思想、世界观以及生活的时代对其作品的影响。这一时期何满子还出版了《论〈儒林外史〉》，全书共十章，集中了作者对《儒林外史》研究的主要成果，是《儒林外史》研究史上第一部系统的、全面的、科学的研究论著。

　　这时期由于参与研究的研究者实力强大，《儒林外史》研究取得了很多的成就。其一，学者们关注吴敬梓生活的时代和他思想的变化，对读者了解小说的时代背景和思想意蕴很有帮助。其二，研究者对小说的艺术成就表示了很大的关注，在《儒林外史》现实主义的创作方法、讽刺艺术、语言艺术等方面进行了深入的研究，这些对后来的研究产生了积极的影响。

　　虽然这一时期对《儒林外史》的研究取得了很大的成绩，但是由于这一时期中国特殊的政治背景，其研究也存在一些局限性。主要体现在很多的研究者过分强调社会生活对作家创作的影响，

从而忽略了作者自身因素，造成一定程度上研究方法的思维化和程式化。研究者把自己的研究目光放在文本本身，主要集中在把作者生活的时代与小说的内容进行一些对应，没能深入地了解作者的写作意图。

　　进入六十年代之后，《儒林外史》的研究陷入了低谷，研究成果日益减少。这一时期相关的论文发表只有寥寥的数篇，而且这一时期的研究大多数不从作品本身出发，只是为了政治服务，被打上了严重的时代烙印。从1957年之后，虽然关于《儒林外史》的研究没有取得进展，但是在资料的发掘、搜集整理与考证工作则有较大进展。何泽翰在前人研究的基础上于1957年出版了《〈儒林外史〉人物本事考略》，不但对之前金和、张文虎、平步青等人物考证真实的部分加以证实和阐述，还考证出一些新的人物原型和情节本事。五十年代到七十年代，除了何泽翰这本著作外，很多文献资料在范宁、卞孝萱、陈汝衡、竺万、袁行云、陈美林等学者的努力之下，得以和世人见面。这一时期发现的重要材料有《金陵景物图诗》，共二十三首，是吴敬梓为《金陵景物图》所题的组诗。这组诗主要完成于吴敬梓的晚年，反应了吴敬梓对魏晋风度、六朝遗迹的爱慕，以及他对典故、地理、山川等方面的渊博知识。同时也可以反映出晚年的吴敬梓还是以儒家思想为指导思想，对我们理解吴敬梓晚年的思想和艺术风格起到了重要的作用。

　　这一时期发现的材料还有《玉剑缘传奇序》，是吴敬梓为他的朋友李本宣《玉剑缘》传奇作的序。这篇序言共有三百多字，能够反映出吴敬梓的一部分文学思想。还发现了《尚书私学序》，是吴敬梓为其朋友江昱《尚书私学》作的序，收录在《扬州足征录》

第十三卷里。在这篇序中吴敬梓对江昱的著作表示了赞扬，肯定了"经"和"经学"说，对其"治经"态度也可有所了解。《辛酉正月上弦与敏轩连句》和《老伶行》收录在吴敬梓的好友吴培源的《会心草堂集》中。《奉题雅雨大公祖出塞图》是一首题画诗，这首诗吴敬梓亲手书写，与郑板桥等二十多人的诗同题于《出塞图》上，这首诗可以考察吴敬梓在扬州的交友和以及超然的人生态度。《〈玉巢诗草〉序》是吴敬梓为他的朋友徐紫芝的诗集《玉巢诗草》写的序，这篇序用骈文写成，体现了吴敬梓较高的骈文写作水平，这一时期的考证工作对吴敬梓的研究具有特殊的意义。

二十世纪八十年代之后，随着改革开放地不断深入，《儒林外史》的研究也进入到了一个崭新阶段，呈现出百花齐放的状态，举办了几次学术会议。1981年在安徽滁州举行了纪念吴敬梓诞生二百八十周年的学术研讨会。1984年在江苏南京举行了纪念吴敬梓逝世三百三十周年的学术讨论会，1986年和1996年分别在安徽全椒和南京举行了第三、四届全国《儒林外史》学术讨论会。这些会议对《儒林外史》的研究起到了重要的推进作用。这四次会议前后共发表了数十篇论文，先后结集出版了两本《〈儒林外史〉研究论文集》。中国《儒林外史》学会成立于1984年，成立之后，还主办了《〈儒林外史〉学刊》。除此之外，还出现了一些专著，如陈美林的《吴敬梓研究》《新批〈儒林外史〉》《〈儒林外史〉词典》，李汉秋的《〈儒林外史〉研究资料》《〈儒林外史〉研究纵览》、《〈儒林外史〉鉴赏辞典》，胡益民、周月亮的《〈儒林外史〉与中国士文化》等。这一时期对《儒林外史》的研究呈现出往多元化方向发展的趋势，研究的眼界更宽，研究的思维和方法也越来越多，堪称《儒林外史》研究的鼎盛时代。

自近代以来，学界都以为《文木山房诗说》已散佚，甚为遗憾。1999 年 6 月，周兴陆先生在上海图书馆发现了《文木山房诗说》抄本，同一年《光明日报》公布了这一消息。随后周兴陆先生在《复旦学报》上发表了整理的《文木山房诗说》及相关的论文，对吴敬梓的《儒林外史》研究产生了很大的影响。

　　进入二十一世纪之后，《儒林外史》研究进入到了总结、反思、整理阶段，这一阶段的研究成果相对较少，主要集中在两个方面。一方面由于《诗说》的发现，引起了学术界对吴敬梓《诗经》研究的极大兴趣，并以此展开了更为深入的研究。另一方面出现了很多回顾、总结《儒林外史》研究的文章和专著，从学术史的角度总结、概括《儒林外史》研究的得失和价值。

吴敬梓简谱

康熙四十年（公元1701年）　一岁

夏，吴敬梓出生在安徽全椒县城西北襄河湾的探花第。金榘在诗《和作》中有"榴火柳汁殷红蓝，碧筩在手香盈瓯"的句子。可知吴敬梓出生的时候是夏天。

从兄吴檠六岁。

表兄金榘十八岁，金两铭八岁。

友人朱草衣十八岁、卢见曾十二岁、程廷祚十一岁、周榘十岁。

颜元六十七岁，李塨四十三岁。

顾炎武卒二十年，黄宗羲卒六年，王夫之卒十九年。

康熙四十一年（公元1702年）　两岁

康熙第四次南巡，到德州的时候，因太子病返京。次年又南巡，后至江宁，三月还京。

是年，叔祖父吴旦中举人。

康熙四十三年（公元 1704 年）　四岁

颜元卒。

康熙四十四年（公元 1705 年）　五岁

从祖父吴昺调任宋金元明四朝诗选掌局官。

康熙四十五年（公元 1706 年）　六岁

从祖父吴昺分校礼闱会试卷，后升侍讲，出为湖广学政。友人江昱、王又曾出生。

康熙四十六年（公元 1707 年）　七岁

一月，康熙第六次南巡，三月，到达江宁。

康熙四十九年（公元 1710 年）　十岁

友人沈大成出生。

康熙五十一年（公元 1712 年）　十二岁

清政府规定：以后滋生人丁，永不加赋。

二月，朱熹因"有功圣道"，配享孔庙。列位于大成殿十哲之次。

康熙五十二年（公元 1713 年）　十三岁

母卒。吴敬梓在《赠真州僧宏明》中有："昔余十三龄，丧母失所恃。"

广博阅读。金榘在《次半园韵为敏轩三十初度同仲弟两铭作》一诗中写道："见尔素衣入家塾，穿穴文史窥秘函。不随群儿作嬉戏，屏居一室如僧庵。从兹便堕绮语障，吐丝自缚真如蚕。"《移家赋》中有："旬锻季炼，月弄风吟"，"枕石漱流，研朱滴露。"

康熙五十三年（公元1714年）　十四岁

四月康熙更谕礼部："朕惟治天下，以人心风俗为本，欲正人心、厚风俗，必崇尚经学，而严绝非圣之书，此不易之理也。近见坊间多卖小说淫词，荒唐俚鄙，殊非正理；不但诱惑愚民，即缙绅士子，未免游目而蛊心焉，所关于风俗者非细，应即通行严禁，其书作何销毁，市卖者作何问罪，著九卿詹事科道会议具奏。"（《清圣祖实录》卷二五八）严查禁绝"淫词小说"。

吴敬梓的嗣父吴霖起任江苏赣榆县县学教谕，吴敬梓随父至任所。吴敬梓《赠真州僧宏明》中云："十四随父宦，海上一千里。"

康熙五十四年（公元1715年）　十五岁

是年或者稍后，吴敬梓写下了他《文木山房集》中的第一首诗，也是他少年时期唯一存留的一首诗《观海》，初步展露其文学才能。

这一时期吴敬梓的文学才华也暂露头角，在《古意》一诗中他描述自己当年被他人称赞："妾年十四五，自矜颜如花"，"母兄命良媒，交口称柔嘉"。

主要作品：

诗：《观海》

康熙五十五年（公元 1716 年）　　十六岁

是年左右，父亲吴霖起卖房修建赣榆教县学宫。《移家赋》中有："见横舍之既修，歌泮水而思乐。"自注曰："先君为赣榆教谕，捐赀破产修学宫。"

是年之后，吴敬梓听从父亲的吩咐回故里从师学习。吴檠在《为敏轩三十初度作》中说："广文不作常儿畜，归辄命之从梦庵"。金两铭的《和作》中有"从宦祝其归里后，俎豆吾师曰讱庵"，"搦管为文催俪偶，渐得佳境唊蔗甘"。

是年或次年吴敬梓娶全椒陶钦李的次女。陶氏和吴家原就有亲谊，因吴敬梓和陶氏结亲，吴敬梓和金榘本兄弟关系，又成为连襟关系。

康熙五十七年（公元 1718 年）　　十八岁

康熙设郡县制，建立中央集权。

吴敬梓随父亲住赣榆县，于赣榆、全椒、南京等地往来，常渡大江南北。吴檠五《为敏轩三十初度作》中云："入仕十八随父宦，来往江淮北复南。"

夏，吴敬梓只身回到全椒，处理岳母家的事情。岳父已经病故，岳母为人懦弱，妻子的兄弟不善于持家。这种情况下，外人趁机侵凌，境况越来越恶化。金榘在《次半园韵为敏轩三十初度同仲弟两铭作》一诗中，曾经回忆了这次与敬梓在岳母家的情景。

生父吴雯延卒。

吴敬梓考取秀才。

友人金兆燕、程晋芳出生。

康熙五十八年（公元 1719 年）　　十九岁

长子吴烺出生。

康熙五十九年（公元 1720 年）　　二十岁

姐夫金绍曾卒。

康熙六十年（公元 1721 年）　　二十一岁

友人杨凯任镇肇前营游击，镇压苗民的叛乱。

自然科学家梅文鼎卒。

康熙六十一年（公元 1722 年）　　二十二岁

康熙帝于十一月十三日病逝，皇四子胤禛继位，改元雍正。

是年或稍后一两年，结识道士周羽士。《早春过冶山园亭追悼周羽士》中有："十载知交存此地，只今寥落不胜哀。"

嗣父吴霖起罢官回故里。《移家赋》中说吴霖起"归耕颖上之田，永赋遂初之约"。

雍正元年（公元 1723 年）　　二十三岁

加封孔子先世五代为王爵。

程朱理学家张伯行升任礼部尚书，雍正命其"维持道统，光辅圣朝"。

是年嗣父吴霖起卒。

雍正二年（公元 1724 年）　二十四岁

父卒之后，全椒吴氏发生家族被抢夺财产的事情，吴敬梓受到各房不同辈份的族人不断刁难、指责。在《赠真州僧宏明》中云："弱冠父终天，患难从兹始。"吴檠在《为敏轩三十初度作》中所说："浮云转眼桑成海，广文身后何崎嵚。他人入室考钟鼓，怪鸮恶声封狼贪。"

主要作品：

诗：《西墅草堂歌》

雍正三年（公元 1725 年）　二十五岁

理学家张伯行卒。

吴敬梓丧服满。

是年左右妻子陶氏卒。金榘在《次半园韵为敏轩三十初度同仲弟两铭作》中说："五柳幽居属他姓，重到惟看月印潭。几载人事不得意，相逢往往判沉酣。栗里已无锥可卓，吾子脱屣尤狂憨。卜宅河干颇清适，独苦病妇多詀喃。无何炊臼梦亦验，空闻鼓盆疑虎魁。"

主要作品：

诗：《雨》《遗园四首》《杂诗》

雍正四年（公元 1726 年）　二十六岁

吴敬梓不理会世俗的舆论和亲友的嘲责，沉溺于歌舞声色之中。吴檠《为敏轩三十初度作》诗中说："一朝愤激谋作达，左右呐恣荒耽。明月满堂腰鼓闹，花光冉冉柳鬖鬖。秃衿醉拥奴童

卧，泥沙一掷金一担。香词唱满吴儿口，旗亭法曲传江潭。以兹重困弟不悔，闭门嗫嚅长醺醑。"金两铭《和作》中也说："迩来愤激恣豪侈，千金一掷买醉酣。老伶少蛮共卧起，放达不羁如痴憨。"

主要作品：

诗：《病夜见新月》

词：《金缕曲》（盛夏题霍公山房）

雍正六年（公元1728年） 二十八岁

友人杨凯罢湖广提督，回仪征。

雍正七年（公元1729年） 二十九岁

五月，吴敬梓到滁州参加科考，名列第一。金两铭在《和作》中记载："昨年夏五客滁水，酒后耳热语喃喃。文章大好人大怪，匍匐乞收遭魃魈。使者怜才破常格，同辈庆迁柱下聃。居停主人亦解事，举酒相贺倾宿庵。今兹冠军小得意，斯文秘妙可自参。"

八月，参加乡试，被罢黜落地。

由于不事生产，又挥霍无度，卖田卖宅，传为乡里子弟戒。吴檠在《为敏轩三十初度作》诗中载："去年卖田今卖宅，长老苦口讥喃喃。弟也叉手谢长老，两眉如翰声如魈。男儿快意贫亦好，何人郑白兼彭聃。"吴敬梓《减字木兰花》词云："田庐尽卖，乡里传为子弟戒。"

雍正八年（公元1730年） 三十岁

家族内讧、乡试落地、妻亡仆散，出游南京，回忆之前的人

生经历，写下了《减字木兰花》八首。

主要作品：

诗：《风雨渡扬子江》

词：《减字木兰花》八首

雍正九年（公元 1731 年）　　三十一岁

秋，从兄吴檠生日，吴敬梓作《贺新凉》词祝贺。

是年或下一年，娶叶草窗女儿，在《挽叶草窗翁》中有："爱女适狂生，时人叹高义。"

是年，友人严长明出生。

与好友周榘及吴烺一起欣赏音乐。作诗《笙》，其中有："孺子独生洛阳想，仙娥曾共幔亭看。"

主要作品：

诗：《残春僧舍》《笙》《琵琶》

词：《贺新凉》（青然兄生日）

雍正十年（公元 1732 年）　　三十二岁

清政府设立"军机房"，后改为"军机处"，成为处理全国军政大事的机构。

雍正十一年（公元 1733 年）　　三十三岁

诏命京官三品以上，在外督抚学政体访保荐"博学鸿词"者，来京应试，优加录用。

二月，移家南京秦怀水亭。《移家赋》中载："粤以癸丑之年，建寅之月……余乃身辞乡关，奔驰道路。……百里驾此艋艇，

一日达于白下。"《买陂塘》自序中说:"癸丑二月,自全椒移家,寄居秦怀水亭,诸君子高宴,各赋看涨二阕见赠。余既依韵和之,复为诗余二阕,以志感焉。"

开始创作《移家赋》。

主要作品:

诗:《小桥旅夜》《早春过冶山园亭追悼周羽士》《杨柳曲送别沈五遂初》《寄怀张裕宗二首》《寄李啸村四首》

词:《买陂塘》《洞仙歌》(题朱草衣《题白门偕隐图》)《沁园春》(送别李啸村)《千秋岁》(四月初一,金其旋表兄五十初度寄祝)《金缕曲》(七月初五朱草衣五十初度)

雍正十二年(公元 1734 年)　三十四岁

完成《移家赋》。

吴敬梓移家南京之初,与朋友迎来送往之间,还时常流露出对家乡的思念。这一年写了不少怀旧、思乡的作品,其中也有不少作品夹杂着怀才不遇之悲。

主要作品:

诗:《伤周羽士》《登周处台同王溯山作》《春兴八首》《古意》《冶城春望》《过金舅氏五柳园旧居》《永庆寺》《过丛宵道院》

文:《玉巢诗草序》《石臞诗集序》

词:《满江红》《乳燕飞》(甲寅除夕)

赋:《移家赋》

雍正十三年（公元 1735 年）　　三十五岁

八月，雍正薨，九月，弘历即位。

二月，吴敬梓赴滁州，作《滁州旅思》。

是年有扬州之行。

主要作品：

诗：《滁州旅思》《九日约从兄青然登高不至四首》《秋病四首》《石城晚泊》《渡江》《望真州》《访杨东木敷五》《不寐》《将往平山堂风雪不果二首》《月》

词：《喝火令》（题刺绣图）《如此江山》

乾隆元年（公元 1736 年）　　三十六岁

清政府于三月，颁十三经、二十一史于各省、府、州、县学。

赶赴安徽安庆，参加博学鸿词科的考试。初春作《踏莎行》："何人庭院春初霁。还家两月不曾过，又从江上招舟子。"

至安庆，为参加考试，写了三篇诗赋，分别是《赋得敦俗劝农桑》《赋得云近蓬莱常五色》《赋得秘殿崔嵬拂彩霓》和《拟献朝会赋》《正声感人赋》《继明照四方赋》。

试毕游安庆天宁寺僧舍，见从兄吴檠题在墙壁上的诗，故创作了《百字令》。

四月回到南京。

吴敬梓回家不久，以病辞博学鸿词的廷试，亦自此没参加过乡试。

参加博学鸿词科考试归来之后，生活陷入异常困顿之中，幸得好友王溯山馈米，才得以勉强度过除夕。

主要作品：

诗：《赋得敦俗劝农桑》（学院取博学鸿词试贴）《赋得云近蓬莱常五色》（抚院取博学鸿词试贴）《赋得秘殿崔嵬拂彩霓》（督院取博学鸿词试贴）《题王溯山左茅右蒋图》《寒夜坐月示朱草衣二首》《雪夜怀王溯山山居二十韵》《丙辰除夕述怀》

词：《小重山》（三山）《燕山亭》（芜湖雨夜过朱草衣旧宅）《惜黄花》（采石）《青玉案》（途次怀王溯山）《庆今朝》（李啸村留饮园亭）《百字令》（天宁寺僧舍见青然兄题壁诗）《桂枝香》（望九华）《虞美人》（贵池客舍晤管绍姬、周怀臣、汪荆门、姚川怀）《减字木兰花》（识舟亭阻风，喜遇朱乃吾、王道士昆霞）《西子妆》《高阳台》《踏莎行》

乾隆二年（公元1737年）　　三十七岁

除夕夜，雪，吴敬梓作有《元夕雪》。
画家王宓草卒，吴敬梓写有《挽王宓草》。
春，回全椒老家，作《全椒道上口占六首》。
友人杨凯复职，任湖广提督，旋被革职，再次回仪征。
主要作品：

诗：《元夕雪》《挽王宓草》《沈五自中都来白下琁复别去怅然有作》《全椒道上口占六首》《闲情四首》《赠李俶南二十四韵》《酬青然兄》《贫女行二首》《伤李秀才》《美女篇》

乾隆三年（公元1738年）　　三十八岁

是年下令禁"淫词小说"。
春，吴敬梓邀约了好友李本宣一同去苏南溧水一带游览。作

《二月三日舟发通济河同李葂门作》《夕阳》等。

溧水一行参观了左伯桃墓、金濑、石臼湖、秣陵关等。

从溧水返回南京之后，吴敬梓旧病复发，怀念自己的长子，作《病中忆儿烺》。

主要作品：

诗：《二月三日舟发通济河同李葂门作》《夕阳》《钱图南斋中夜坐》《月夜怀姚文洁黄仑发》《酬李葂门》《赠黄仑发二十韵》《病中忆儿烺》《夏日读书正觉庵示儿烺》

词：《水龙吟》《惜秋华》（寓斋菊花红叶为积雨所败，伤之）

乾隆四年（公元1739年）　三十九岁

夏天生日的时候，作《内家娇》词。

年界四十的时候，吴敬梓终于从自己和周围亲友的经历中看清了科举的实质，到此时，吴敬梓才真正开始摆脱科举的束缚，寻找自己人生中的理想和抱负。

再一次去真州，寻友人资助，刊刻诗文。本希望求助于杨凯，作诗《赠杨督府江亭》，没有得到资助。

友人方嶟为其筹刻《文木山房集》，并为其作序。方嶟刊刻的这部《文木山房集》，大都是吴敬梓四十岁前的作品，而且仅限于诗、词、赋等"有韵之文"。

寓居僧舍的时候遇见了僧人宏明，是吴敬梓"从母之子"，为之叙述生平，作《赠真州僧宏明》。

秋天或岁暮时期返回南京。

主要作品：

诗：《赠杨督府江亭》《真州客舍》《雨夜杨江亭斋中看菊》

《赠真州僧宏明》《岁暮返金陵留别江宾谷二首》

词：《内家娇》（生日作）

乾隆五年（公元1740年）　四十岁

是年或次年，祭雨花台先贤祠，吴敬梓卖掉了江北老屋以成其事。参与其中的还有吴敬梓的好友周榘、程廷祚、吴蒙泉等。

七月九月，吴敬梓姐姐卒，作诗哭之，可惜诗散佚。王又曾诗云："试诵中年诗《哭姊》，教人珍重紫荆图。"

有伯兄来访，两个人夜话山居之胜，此人具体情况不详。

作《哭舅氏》。叙述了风建社会秀才的悲苦一生，流露出作者对科举的认识和反对。

岳丈叶草窗卒，吴敬梓作《挽外舅叶草窗翁》。

是年左右，为好友李本宣的《玉剑缘传奇》作序。

友人卢见曾谪戍边疆。

主要作品：

诗：《陈仲怡刺史留饮寓斋看灯屏同李蕳门作》《赠家广文蒙泉先生》《哭舅氏》《题白沙翠竹江村》《挽外舅叶草窗翁》《腊月将之宣城留别蕳门》《除夕夜旅店忆儿烺》

文《玉剑缘传奇序》

乾隆六年（公元1741年）　四十一岁

冬与吴培源相聚小饮，与之作联句。吴培源《会心草堂集》中载《辛酉正月上弦与敏轩联句》。

从兄吴檠中举。

二月，花朝日，城东寓公程丽山当东道主，邀请吴蒙泉、杨

文叔、戴瀚、程廷祚、李本宣等名士宴集护兰斋中。当时每个人各赋篇章。

吴敬梓结识程晋芳,是年程晋芳二十四岁。

冬,应程晋芳的邀请,去其家。"与研诗赋,相赠答,惬意无间。"(程晋芳《文木先生传》)

乾隆七年（公元1742年）　　四十二岁

初春,从淮安程家返回南京。程晋芳《文木先生传》云:"(先生)性不耐久客,不数月别去。"

二月的花朝日,吴敬梓与吴蒙泉、戴瀚、程廷祚、李本宣等人程丽山之邀请,在城北护兰斋宴集,席中有老伶工王仲宁的表演,为之写了诗歌《老伶行》。

除夕,吴蒙泉邀请吴敬梓守岁,吴敬梓作词《满江红》,可惜已经散佚。

乾隆八年（公元1743年）　　四十三岁

花朝日,吴蒙泉等再次宴集于程丽山护兰斋。这次吴敬梓的长子吴烺亦参加,作《花朝宴集程丈丽山护兰斋》四首。

是年或者次年,吴敬梓从长板桥西移家东水关之大中桥畔。之后在大中桥畔除了卖文外,闭门种菜,生活很清苦。冬季苦寒,则邀好友汪京门等作"暖足"之行。顾云《盋山志》云:"日帷闭门种菜,偕佣保杂作,人不知故向者贵公子也。"

乾隆九年（公元1744年）　　四十四岁

是年或者稍后,吴敬梓赴淮安访程晋芳。程晋芳《文木先生

传》载:"余生平交友,莫贫于敏轩。抵淮访余,检其橐,笔砚都无。余曰:'此吾辈所倚以生,可暂离耶?'敏轩笑曰:'吾胸中自具笔墨,不烦是也。'其风流余韵,足以掩映一时。"

秋,好友吴蒙泉教谕任满,离职上元,入京候职。吴敬梓及南京诸友饯行送别。

乾隆十年(公元1745年) 四十五岁

是年或之后,为友人江昱《尚书私学》作序。序言中更多是表达自己的治经观点,认为治经主要讲究的是义理,无门户之见。

乾隆十一年(公元1746年) 四十六岁

为了创作小说《儒林外史》,这一时期吴敬梓广泛收罗材料,把很多的所见所闻纳入到小说的写作当中,是年,发生的松江女逃婚一事也被吴敬梓塑造为小说中的充满叛逆、追求自由和解放的女性沈琼枝形象。

沈琼枝的故事与当时的江宁知府袁枚有一段渊源。平步青《霞外捃屑》卷九中即云:"沈琼枝,即《随园诗话》卷四所称松江张宛玉。"据《随园诗话》卷四记载:古闺秀能诗者多,何至今而杳然?余宰江宁时,有松江女二人,寓居尼庵,自言"文敏公族也"。姊名宛玉,嫁与淮北程家,与夫不协,私行脱逃。山阳令行文关提。余提解时,宛玉堂上献诗云:"五湖深处素馨花,误入淮北估客家。得遇江州白司马,敢将幽怨诉琵琶!"余疑其倩人作,女请面试,予指庭前枯树为题。女曰:"明府既许婢子吟诗,诗人无跪礼,请假纸笔立吟可乎?"余许之。乃倚几疾书曰:"独立空庭久,朝朝向太阳。何人能手植?移作后庭芳。"未几,山阳

冯令来，余问张氏事作何办。曰："此事不能断离。然才女嫁俗商，不称，故释其背逃之罪，且放归矣！"问何以知其才，曰："渠献诗曰：'泣请神明宰，容奴返故乡。他对化蜀鸟，衔结到君旁。'"冯故四川人也。

吴敬梓对女性地位问题还是比较开明的，这在封建社会无异于大胆的行为，吴敬梓对张宛玉的遭遇给予肯定。吴敬梓对张婉玉的态度，他的好友程廷祚是颇有异议的。程廷祚在《与吴敏轩书》(《青溪文集续编》第六卷)中表达了自己的看法。"昨所谈茸城女士之事，诚可谓瑰琦倜傥，不少概见，庸夫之所惊疑，达士之所快心也。然处事之道，贵思其终以图其始。女士之所为固异矣，仆未见其所终也。……且彼既生于名门，嫁于旧族，岂宜一丧所天，而两家戚属，遂扫地以无余者乎？此非所以使人无疑也。……窃赀以逃，追者在户，以此言之，非义之所取也。将为红拂之投药师，文君之奔相如乎？而今皆无其人矣。……斯时虽欲杀身以自明，刎颈以见志，勇无所用其力，智无所施其计。自经沟渎，人莫之知，轻于鸿毛，其又奚悲矣。女士其知之乎？足下有矜奇好异之心，而抱义怀仁，被服名教。何不引女士以当道，令其翻然改悔，归而谋诸父母之党，择盛德之士而事之，则足下大有造于女士，而自处之道，可谓善矣。"

乾隆十三年（公元 1748 年）　　四十八岁

次子病故。吴烺写有《梦与亡弟藜叔共饮觉而有作》和《忆三弟蘅叔》。

嗣父的侧室程氏病故于全椒。长子吴烺有《哭程媪》四首，诗前小序云："媪，先王父广文公侧室也。烺幼失慈恃，养于媪，

恩谊最笃。雍正癸丑，大人挈家迁金陵，媪独留里中，败屋三楹，长斋绣佛，如老尼师焉。烺往来江上，每一相见，辄涕下交颐。今年六十有一岁矣，倏无疾而逝。烺闻凶耗，仓卒归里，为营丧葬，而悲痛无已。用成长句，歌以当哭云尔。"

是年左右，吴敬梓造访任职于江西遂安的友人吴蒙泉县，故有浙江之行，作有《西湖归舟有感》。

主要作品：

文：《修洁堂集略序》

乾隆十四年（公元1749年） 四十九岁

清政府诏举"经明行修"之学者。

是年前后，吴敬梓的小说《儒林外史》脱稿。吴敬梓的好友程晋芳组诗《怀人诗》中有："《外史》纪儒林，刻画何工妍！吾为斯人悲，竟以稗说传。"乾隆三十五年（1770年）、三十六年（1771年）程晋芳写的《文木先生传》中说："仿唐人小说为《儒林外史》五十卷，穷极文士情态，人争传写之。"

从《儒林外史》的诞生开始就在士子中开始流传，但这一时期并没有刻本出现。

乾隆十五年（公元1750年） 五十岁

是年左右，吴敬梓的治经著作《诗说》全部脱稿。金兆燕《寄吴文木先生》中有："文木先生何嶔崎！行年五十仍书痴。……晚年说诗更鲜匹，师伏翼萧俱辟易。《小雅》之材七十四，《大雅》之材三十一。一言解颐妙义出，《凯风》为洗万古诬，《乔木》思举百神职。"

程晋芳《文木先生传》中说："先生晚年亦好治经，曰：'此人生立命处也。'"

友人程廷祚再次被举荐"经明行修"，次年入京参加考试。

从兄吴檠卒。

乾隆十六年（公元1751年）　五十一岁

一月，乾隆首次南巡，三月"幸江宁府"（《清史稿·高宗本纪二》），经南京，至浙江绍兴。吴烺与王又曾迎銮献诗赋。二人均被录取，依例赐举人，授内阁中书。

吴敬梓拒绝加入召试的行列。关于吴敬梓拒绝此次的召试，金兆燕有诗《寄吴文木先生》。

友人程廷祚在京城参加了"明经行修"考试，因为不为重臣拉拢，落选归南京。

吴敬梓于时年二十一岁的严长明结识。

是年前后，吴敬梓经常与年轻诗人严长明、涂长卿、陶蘅川等一起赋诗。

是年前后，吴敬梓的生活更加贫困。吴烺在《悼亡》三首之三自注中说："余人都供职，孺人家居，病遂深重。"而其致病之由，则是由于贫困。吴烺在《悼亡三首》之二自注中也曾说及"余家贫断炊，每贳饼而食"，"深冬无卧茵，孺人以絮裙代之"（见《杉亭集》卷四）。程晋芳在《寄怀严冬有》中说："阿郎虽得官，职此贫更增。近闻典衣尽，灶突无烟青。频蜡雨中屐，晨夕追良朋。"

乾隆十七年（公元 1752 年）　五十二岁

程晋芳来南京，吴敬梓偕严长明往访。

江昱探访吴敬梓，江昱写有《访吴敏轩留饮醉中作》。

秋，吴烺乞假回南京。

友人吴蒙泉遂安县任，告老回江苏无锡。

乾隆十八年（公元 1753 年）　五十三岁

春夏之交，吴敬梓再次回到故乡。

长子吴烺的妻子卒，吴烺有《悼亡》诗三首。

是年或之后，吴敬梓写作《金陵景物图景》，由其好友樊圣谟用各种字体书写出来，今见二十三首。

是年友人卢见曾再次调任扬州任两淮盐运使。

是年，因长子吴烺任内阁中书，故敕封吴敬梓为"文林郎内阁中书"。

乾隆十九年（公元 1754 年）　五十四岁

九月，乾隆谒京师文庙。

客游扬州，与好友金兆燕、吴楷、石庄等一起聚会，还与金兆燕一起游琼花台、碧天观等地。

卢见曾请题画家高凤翰所化的《出塞图》，吴敬梓作《奉题雅雨大公祖出塞图》。

友人程晋芳来扬州，与吴敬梓见面之后回淮安，吴敬梓登船送别。程晋芳《文木先生传》中记载："岁甲戌，与余遇于扬州，知余益贫，执余手以泣曰：'子亦到我地位，此境不易处也。奈

何!'余返淮,将解缆,先生登船言别,指新月谓余曰:'与子别'后会不可期。即景悢悢,欲构句相赠,而涩于思,当俟异日耳。'时十月七日也。"

下旬,吴敬梓准备回南京,在渡江南归之前,倾囊中所有,准备了酒点茶食,邀集友人宴集。吴敬梓醉,反复吟诵张祜的《纵游淮南》:"十里长街市井连,月明桥上看神仙。人生只合扬州死,禅智山光好墓田。"

农历十月二十八日,诗人王又曾从京南返,路过扬州,慕名拜访敏轩。当天傍晚,吴敬梓又去他舟中回拜。两人相谈甚欢,离别之时,吴敬梓还一再邀约王又曾来日到他的客寓处聚会。

吴敬梓卒。金兆燕《甲戌仲冬送吴文木先生旅榇于扬州城外登舟归金陵》云:"独客卧禅关,昏灯对牟尼。忽闻叩门声,奔驰且惊疑。中衢积寒冰,怒芒明参旗。跟跄至君前,瞪目无一词。左右为余言,顷刻事太奇:今晨饱朝餐,雄谈尽解颐;乘暮谒客归,呼尊酹一卮;薄醉遂高眠,自解衫与綦。安枕未终食,痰壅如流澌;圭匕不及投,撒手在片时。(《棕亭诗钞》卷五)

十月二十九日,王又曾把吴敬梓逝世的消息转告卢见曾,卢见曾为其买棺葬于南京。

程晋芳有诗《哭吴敏轩》三首。(见《勉行堂诗集》卷九《拜书亭稿》)

三年别意语缠绵,记得维舟水驿前。
转眼讵知成永诀,拊膺直欲问苍天。
生耽白下残烟景,死恋扬州好墓田。
涂殡匆匆谁料理?可怜犹剩典衣钱!

吴敬梓

沈醉炉边落拓身，从教吟鬓染霜新。
惜君才思愁君老，感我行藏虑我贫。
曾拟篇章为社侣，空将鸡黍问陈人。
板桥倦柳丝丝在，谁倚春风咏曲尘。

促膝闲窗雨洒灯，重寻欢宴感偏增。
艳歌蛱蝶情何远？散录云仙事可征。
身后茅堂余破漏，当年丹篆想飞腾。
过江寒浪连天白，忍看灵车指秣陵！